私のアフガニスタン現代史

破綻の戦略

元駐アフガニスタン大使
髙橋博史

白水社

破綻の戦略

——私のアフガニスタン現代史

破綻の戦略 ――私のアフガニスタン現代史
目次

はじめに――ターリバーン最高指導者の悔恨と死　7

第一章　紛争の足音　13
古老の物語　14
若きマスードの戦い――一九七五年の出来事　20

第二章　一九七八年の軍事クーデターと若き愛国者の死　27
学生活動家との出会い　28
軍事クーデター　38
ダボス米大使殺害の真相　52
アフガニスタンのロビン・フッド　56

第三章　ムジャーヒディーン　77
山林の老僧　78
内戦――根なし草たちの権力闘争　88
老師の怒りと哀しみ　92

第四章　ムッラー・ウマルと七人のサムライ伝説　107
ターリバーン出現とその背景　108
ムッラー・ウマル伝説――夢に現れた預言者ムハンマッド　116

出自——出生、家族、部族、出身地 129
決起　七人のサムライ——ターリバーン運動の始まり 138

第五章　ターリバーン考——アフガン人とは 149

ターリバーン野戦指揮官たちとの教育論争 150
ノムースの概念 154
自爆テロの正当性 162

第六章　九・一一事件の序幕——マスード司令官暗殺事件 165

暗殺の第一報 166
国連機関の対応と米国による情報漏洩 169
ターリバーンとマスードの戦い 181
ウサーマ・ビン・ラーディンとムッラー・ウマルの野望 187
暗殺事件の真相と潰えた野望 191

第七章　潰えた戦略と中村哲医師の夢 199

破綻した戦略 200
中村哲医師の夢 212

あとがき 229

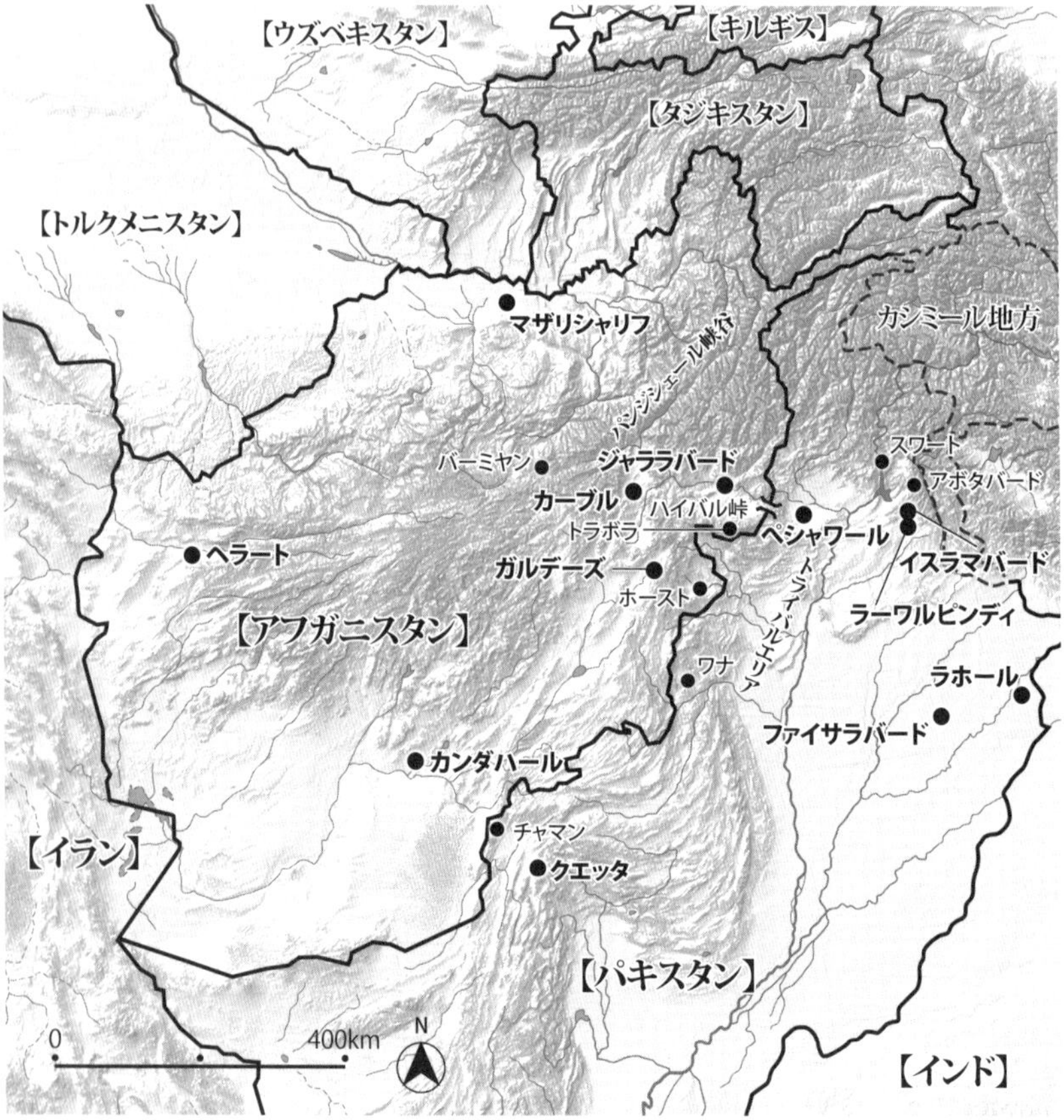

【ウズベキスタン】
【キルギス】
【タジキスタン】
【トルクメニスタン】
マザリシャリフ
パンジシェール峡谷
カシミール地方
バーミヤン
ジャララバード
スワート
アボタバード
カーブル
ハイバル峠
トラボラ
ペシャワール
イスラマバード
ヘラート
ガルデーズ
ホースト
トライバルエリア
ラーワルピンディ
【アフガニスタン】
ワナ
ラホール
ファイサラバード
カンダハール
チャマン
【イラン】
クエッタ
【パキスタン】
0
400km
N
【インド】

はじめに――ターリバーン最高指導者の悔恨と死

訪ねてきた友人は携帯電話をポケットから取り出して、テーブルの上に置いた。録音再生のスイッチを押すと、そこからは訴えかけるような男性の声が聞こえてきた。強い口調で語りかけている。「これは誰だ」と尋ねる私に、友人は「ムッラー（説教師）・ウマルだ」と答えた。一瞬、驚きながら、「これはどうしたのだ」と質《ただ》した。「ムッラー・ウマルが少数の幹部たちの前で話をしたのを録音したものさ。面白いからテープを聴いてくれ。説明はその後だ」と言った。

二〇〇一年、米同時多発テロがイスラーム過激派のアル・カーイダによって引き起こされた。「ムッラー・ウマル」とは、この事件の首謀者、ウサーマ・ビン・ラーディンを匿《かくま》った人物である。当時、アフガニスタンの大部分を制圧下に置く「ターリバーン」の最高指導者であった。米国政府はムッラー・ウマルに対しウサーマ・ビン・ラーディンの引き渡しを要求した。その要求を拒んだターリバーン政権は米軍の攻撃を受け崩壊した。

「ターリバーン」の総帥であるムッラー・ウマルは、アミール・アル＝ムウミニーン（信徒たちの長）と呼ばれる尊称を持つ。その出自は定かではないと言われている。彼は一九九四年、ターリバーンとともに彗星のごとく歴史に登場した伝説的な人物である。

そのムッラー・ウマルの音声スピーチである。はやる心を抑えながら携帯電話から流れてくる言葉に耳を傾けた。なかなか聞き取れない。私はいら立ちを隠さず、ウマル師が何を語っているのか説明してほしいと友人に頼んだ。彼はウマル師が「ウサーマ・ビン・ラーディンに騙され、罪もない人びとの殺害に手を貸してしまった」と懺悔《ざんげ》していると語った。私は思わず相手を凝視した。「いま、何と言った」と尋ねた。友人はテーブルの上に置かれた携帯電話のスイッチを切った。なかを開けて、音声が録音されたメモリーチップを取り出した。そのチップを私に差し出しながら、「これを聴けば何が起きたかわかる」と言った。

そこには驚くべき内容が録音されていた。ムッラー・ウマルは「不名誉な辱《はずかし》めを受けた。陰謀を企む策謀家たちの残虐行為によって、われわれは世の中の敵意と憎悪を受けることになった。世界中がわれわれを残虐な人びとの共犯者であると非難している」と語っていた。

彼の演説の中にはアル・カーイダやウサーマ・ビン・ラーディン、あるいは九・一一やニューヨークといった固有名詞は一切出てこない。ムッラー・ウマルは誰にでも直ちに理解できる表現を避け、アフガン人がよく使う、遠回しの言い方によって、自分の過ちを懺悔した。「陰謀や策謀によって暴虐を働く人びと」を厳しく非難した。「陰謀や策謀によって暴虐を働く人びと」がアル・カーイダを指していることは明らかである。

さらにムッラー・ウマルは「陰謀や策謀によって暴虐を働く人びと」と協働すれば、未来永劫にわたって屈辱を受ける。「悪に染まった人びと」と過激主義をターリバーンから排除する必要がある。その具体的な方法も指示した。「自分の周りの人びとを観察し、何のために、誰のために戦っているかを探れ」と命じた。ターリバーンの聖戦と異なった目的を持っている人物はいないか。探り出して、秘かに潜入した「悪人たち」を追放しろ。幹部は一体となってイスラーム過激主義者を排除し、組織全体を改革する必要がある、と訴えた。

「現在、何が起きているか。われわれは戦いに疲弊し、疲れ果てている。われわれの聖戦は壊滅的打撃を被っている。これが今、われわれに課されている神の試練である。神はすべてをお見通しである。もし、名誉や権力を望めば、神はわれわれを再び破滅に追い込むであろう」と語った。暗にこれまでの行動に過ちがあったことを認めている。

これは何を意味しているのであろうか。私の承知しているムッラー・ウマルはウサーマ・ビン・ラーディンのイスラーム過激主義に染まり、ターリバーンの勢力を中央ユーラシア全域に及ぼそうとしていたのではなかったのか。この演説はまるで、夢から覚めたように「残虐行為は神の御意志ではない。そんなことはわれわれの目的ではない。これまでの間違いを糺《ただ》して神の御心に沿った正しい行いをすべきである」と訴えている。私は彼の言葉に心底驚いた。と同時に、彼の心の中で何かが起きたと考えざるを得なかった。

友人にこの音声の真偽を質したことは言うまでもない。「いつ、どこで、誰に対して話したのか」と矢継ぎ早に質問する私に、彼はムッラー・ウマルが数日前に一部の幹部を集めて話をした。それがこの演説であると述べた。「この人物がムッラー・ウマルであると誰が証明できるのだ」と尋ねる私に、「この演説を聴いていた者以外、録音することなどできないだろう」と言った。彼の顔には笑みが浮かんでいた。

ここに紹介したムッラー・ウマルは多くの人びとから嫌われている人物である。日本ではバーミヤンの大仏を破壊した人物として有名である。女性の人権を無視し、多くのテロや犯罪に手を染めた犯罪者として悪名が高い。そのムッラー・ウマルがアフガニスタンの社会を正そうとして立ち上がったことを知る人はあまりいない。その戦いがどのようなものであったかを知る人もいない。

多くの人びとにとって、今のアフガニスタンは、テロと武装闘争が頻発する血に飢えた人びとが生きる世界、としか見えない。ドバイの国際空港の待合室で欧米の人たちが「アフガニスタンでは常に戦争が起きている。歴史上、アフガニスタンが平和であったときなどない」と声高に語っているのを聞いた。果たして本当にそうなのであろうか。

ムッラー・ウマルだけではない。この長い紛争の間、平和を取り戻すために多くの人たちが亡くなった。平和を勝ち取るために、平穏な社会を取り戻すために、彼らがどのような思いを抱いて戦ったかを知る人はいない。

ここではこうした人たちのなかからターリバーンの総帥ムッラー・ウマル、旧ソ連軍と戦って一歩も引かなかったアフマッドシャー・マスード司令官およびアフガニスタンのロビン・フッドと言われたマジッド・カルカニーと、その周辺の人びとに焦点を当ててみた。彼らの平和をめざした戦略とは何だったのか。彼らの事跡をたどって探ってみた。彼らの周辺で何が起こり、彼らがどのような判断を下して戦いに身を投じたのか。アフガン人の視点からアフガン紛争を見ていくことが、紛争解決に向けた、新たな視点を提供できるのではないかと考えた。

幸運にも私は紛争が始まった一九七八年の軍事クーデターを間近に見、二〇〇一年のカルザイ政権樹立にも関わることができた。そのため、ここに描いた平和を勝ち取るために奮闘した人びとを知ることとなった。アフガン紛争はすでに四十数年の長きにわたっている。

残された者たちによる平和への戦いは今も続いている。未だその戦略は成功していない。

第一章

紛争の足音

古老の物語

私がアフガニスタンに留学するきっかけとなったのは、大川周明の名著『復興亜細亜の諸問題』に強く影響されたからである。

そこには当時の超大国である大英帝国と、ロシア帝国の争いの中で、悶え苦しむアフガニスタンの姿が描かれていた。十九世紀、この地アフガニスタンで大英帝国とロシア帝国は、「グレート・ゲーム」と呼ばれる覇権争奪の戦いを繰り広げた。『復興亜細亜の諸問題』には、超大国の争奪の場となったアフガニスタンが、どのようにしてその餌食となることから逃れ、独立を維持しようとしたかが描かれていた。大英帝国とロシア帝国の力をはねのけて独立を守った人びととはどのような人たちなのであろうか。聞けば独立覇気に富んだその性格と、勇猛果敢で妥協することを知らないその強情な性格に、世界の超大国も手を焼いたという。

アフガニスタンは日本の約一・七倍の広さを持っている。人口はおよそ三〇〇〇万人。北はタジキスタン、ウズベキスタン、トルクメニスタンに接し、西にイラン、東と南は中国とパキスタンによって囲まれた内陸国である。地味に乏しく、水少なく、豊かさという言葉からはほど遠い。そこに広がる大地には、赤茶けた砂礫に覆われたなだらかな丘陵地帯と、「インド人殺し」と名づけられた険しいヒンドゥークシュ山脈が横たわっている。見渡す限りの荒野には人間の姿さえ見えず、その地に立つと大地へのみ込まれそうな恐怖感すら呼び起こす。日本とはまったく異なる荒涼とした世界である。

この国は文明の十字路の名をそのままに、多種多様な民族によって構成されている。この国の主要民族はアーリア系のパシュトゥーン族であり、人口の四〇パーセント以上を占めると言われる。次にタジク族が続く。チンギス・ハーンが大遠征に率いて、そのままアフガニスタンの中央山岳地帯に残ったモンゴル系のハザーラ族、北部にはその昔、シルクロードを旅する隊商を襲って勇名を馳せたトルクメン族、チムール大帝を祖と称するウズベク族、東部山岳地帯にはアレクサンダー大王のインド遠征に従ったと言われるヌーリスターンの人びとが居住している。また、トルコ系の言語を話す人びともおり、この国がたどってきた複雑な歴史を思い浮かべさせてくれる。

文明の十字路と言われながら、その姿や形さえ感じ取ることが困難な風土と、そこに生きる遊牧の民と農牧を営む人びと――。不毛という言葉しか浮かんでこないこの地に生きる人びとの生活からは、どうしても東西の文明交流、絹の道と言われた華やかさを感じることはできない。

そんなアフガニスタンの風土にも春夏秋冬の四季がやってくる。夏は熱風が荒野を焦がし、冬は見渡す限りの雪原を、砂まじりの突風が襲う。夏の暑さと冬の厳しさの前には春秋は淡く陽炎《かげろう》のようでもある。それはまるでその厳しさがゆえに、アッラーの神が人びとに与えた一時の休息のようでもある。アフガニスタンの人びとは語る。新年は厳しい冬を越えた後にやってくる。それは心休まる春なのだと。その短い春が過ぎると、また、人びとの前には神の試練が始まるのである。

多民族国家であるアフガニスタンで共通する主要言語は、ダリー語とパシュトー語である。パシュトー語はアフガニスタンの主要民族であるパシュトゥーン族が使用する言語である。ダリー語がいちばん広く使われていることから、私は初めにダリー語の修得をめざした。

そんなとき、縁あって知り合った知人が郷里であるパンジシェール地方に休暇で帰るという。私は、彼が自慢する故郷に連れていってほしいと頼んだ。彼の自宅はパンジシェール峡谷の山奥にあるという。街道から馬を借りて行けば二、三時間で着くらしい。自宅付近では狩猟もできるという。その話に喜んで飛びついた。彼の帰郷に同行することになった。

パンジシェール地方のパンジシェールとは「五頭のライオン」を意味し、アフガニスタンの中央に横たわるヒンドゥークシュ山脈にある峡谷の名称である。カーブルから乗り合いバスで約二時間、パンジシェール峡谷の入り口に着いた。峡谷の入り口からバスでさらに約一時間、ようやく歩き出す場所に到着した。ここから馬に乗って彼の自宅に向かうわけである。あいにく馬は調達できず、徒歩で向かうことになった。気がつくと同じ方向に向かう人びとが一〇人ほどになっていた。大学時代に体を鍛えていた私は、猟銃とリュックサックを担いで勢いよく歩き出した。一行のなかには腰の曲がった老人も交じっていた。こんなよぼよぼのじいさんが雪山の道を歩けるのかなと、かわいそうに思いながら元気に出発した。

しばらくしてそれがまったくの誤りであることを知った。山々にはほとんど木がなく、見渡す限り雪に覆われた白銀の世界と、起伏の激しい山道が行く手を阻んでいた。吹きさらしに遭って、ところどころむき出しになった黒い大地はひどくぬかるんで、歩行を困難にした。ときには胸の高さまで積もる雪をかき分けながら山道を必死に歩いた。三時間も歩けば到着すると言われた目的地は五時間経っても着かない。いつの間にか、一行の先頭集団にいた私は最後尾にいた。腰の曲がった老人は最初からペースを乱すことなく、黙々と歩いて先頭集団にいた。こんなはずではないと自分に言い聞かせても身体は動かず、見かねた知人がリュックサックを持ってくれた。

午前一〇時頃に歩き出し、午後二時頃に休憩。遅いランチである。老人の一人が懐から小さな布袋を出した。私に顎をしゃくる身振りをしながら手を広げろと言う。言われるままに手を広げると、その老人は布袋から土くれのような色をした小さな塊を出し、その一つを私の手に乗せた。食べろと言う。周りを見るとほかの人たちも思い思いにそれぞれの食べ物を出して食べ始めていた。なかには同じような塊を出して食べている人もいた。老人は早く食べろとせかしながら、自分もその一つをつまんで口に入れた。つられて私も口に入れると、その何とも言えない甘さが口に広がり、疲れが一気に吹き飛んでいく感覚を味わった。私が感動したのを見た知人が、これはタルホーンといって干したクワの実を粉にしたものだと教えてくれた。元気になるが食べ過ぎるとよくない、とも助言してくれた。

タルホーンを食べて元気になった私は再び歩き出した。雪道の難行苦行は終わらなかった。目の前のそそり立つような山の斜面を登り切ると、さらにそれ以上に高くそびえる山が立ちはだかっていた。麓から一緒に歩き出した人たちも、一人消え二人消え、いつの間にか三人になっていた。知人は家が近くなったせいかどんどん先に行ってしまった。私の歩くのが遅いのに同情してくれたのは、同じ村に向かう白い顎ひげを生やした古老であった。疲労が極限に達し、山の斜面を四つん這いになりながら歩く私を、木の切り株に座ってじっと見ていた。「がんばれ。ここまで来れば休んでもいいぞ」と言った。必死に登った。ようやく木の切り株に腰をかけることができた。振り返って後ろを見ると、目の前に雄大な山々が見えた。いま登ってきた山の斜面と、奈落の底のような深い谷間。雪がちらほらと舞う曇り空の下には、山々が折り重なるようにどこまでも続いていた。「若いの！　これがヒンドゥークシュ山脈じゃ。ヒンドゥークシュという意味を知っているかい。ヒンドゥーというのはインド人のことよ。インド人殺しという意味さ。この山はインド人すら寄せつけないのだ」。古老はそう言って、ニヤリと笑った。「あの向こうに見える山々はカフィーリスターンといって、異教徒が住んでいた地方だ。アブドゥル・ラフマーン国王が征服して、ヌーリスターンという名をつけた土地だ」。私が「アレクサンダー大王の末裔が住むという土地ですね」と尋ねると、「そうだ。アブドゥル・ラフマーン国王が住民をイスラーム教に改宗させて、光の《ヌール》国と名づけたのよ」と教えてくれた。

「ヌーリスターンの向こうはパキスタンですか」と尋ねた。「そうさ、パキスタンだよ。ヌーリスターンの左側にはワハン峡谷がある。峡谷には中央アジアから逃れてきたキルギス族が住んでいる。その峡谷を東に向かうと中国に出る」。中国はそんなに近いのですかと尋ねると、「すぐだよ。アフガニスタンは中国と国境を接している。ワハン峡谷からパミール山脈を越えるとタクラマカン砂漠に出る。中国の文化大革命のときは、この道を通ってたくさんの中国人が逃げてきた。アフガニスタンからはどこにでも行ける」と言った。

「ところで、若いのは『チュウチャエ・シャイトーン』という言葉を知っているか。『小さい悪魔』という意味だ。イギリスのことを指すのさ。この小さな悪魔がインドにいて、アフガニスタンまで攻めてきた。このパンジシェール峡谷にもイギリス軍が押し寄せてきた。わしはまだ小さかったが、パラグマンという武器で戦ったものさ」。古老はそう言うと、懐から一組の長い紐を取り出した。

パラグマンは約一メートルの紐の二つをつないだもので、二つの紐は手のひらほどの大きさの皮でつながれている。片方の紐の端には小指が入るほどの小さな輪っかが作られている。その輪っかに右手の小指を入れ、もう一方の紐の端をつかみ、紐の真ん中にある手のひらサイズの皮の中に石を置いて、頭の上で勢いよく振り回す。遠心力が十分についたところで紐の片方を離すと石が飛び出すという仕組みになっている。

古老はパラグマンを取り出すと、石を拾って立ち上がり、勢いよく頭上で回した。パラグマンはブンブンという不気味な音を鳴らした。突然、パーンという銃声に似た鋭い音がした。石は勢いよく飛び出し、深い谷間に消えていった。

古老は私に向かって「おい、若いの。元気があっていい。わしはこのパンジシェールで英国軍人相手に一歩も引けをとらなかったことが自慢なのさ。故郷を守ったのよ。もし、また外国が攻めてきたら、同じようにたたきのめしてやる。アフガン人は誰にも負けない」と言って笑った。古老は「記念におまえにあげる」と言って、そのパラグマンを私に手渡した。

雪に覆われたヒンドゥークシュ山脈の山中で、雄大なヒンドゥークシュの山々を眺めながら、この地に生きる人びとの内陸アジアに対する距離感が近いのに驚いた。まるで庭先へふらっと出ていくような感覚である。

同時に、グレート・ゲームと言われる英露の陣取り合戦に巻き込まれ、「わしは祖国を守った」と語って意気軒昂な古老にはすっかり度肝を抜かれてしまった。グレート・ゲームが歴史や小説の中で生きているのではなく、いまでも民衆の心の中に鮮やかな記憶として残っていることに大きな感動を覚えた。

若きマスードの戦い――一九七五年の出来事

次の日、村の若者たちが集まった。暖かい冬の光を浴びて、たき火を囲んでの楽しいひとときであった。最初は珍しい日本人に興味津々であった。しばらくして、彼らだけでひそひそと話を始めた。学び始めてから一〇カ月ほどしか経っていない私の語学力では、到底彼らの話を聞き取ることはできない。

わずかに理解できたのは、誰かがアフガン東部のパキスタンと国境を接するヌーリスターン地方へ逃れたらしい、ということだけであった。つまらなさそうにしていた私に気がついたのであろう、友人が目配せをしながら、「あなたは知らないほうがいい。いろいろなことが起きている」と述べただけであった。

しばらく経って判明したのは、政府機関が襲撃され同年七月二十八日、その首謀者および仲間たちが治安機関によって逮捕されるという事件が起きたことであった。逮捕を逃れた反乱分子は、パンジシェール峡谷の東にあるヌーリスターン地方に逃れ、パキスタンに逃亡した。当時のムハンマッド・ダウード政権に対して反乱を起こしたのは、若き日のアフマッドシャー・マスード司令官と彼が所属していたイスラーム協会のメンバーであった。

このグループはエジプトのアル＝アズハール大学に留学したアフガン人留学生たちによって創設された政治グループである。彼らはエジプトのハサン・アル＝バンナーやサイイド・クトゥブといった社会と経済改革を求めてイスラーム国家の樹立をめざすムスリム同胞団の思想に影響を受けた人びとであった。

ザヒール国王時代にアル＝アズハール大学に留学し、カーブル大学神学部で教鞭を執っていたゴラム・ムハマッド・ニアジーやサイード・ムソー・タワナーたちは、祖国アフガニスタンにおける左翼勢力の拡大に危機感を覚えた。そのためイスラーム研究のグループを立ち上げた。

その後、一九七一年にイスラーム協会が創設された。アル＝アズハール大学に留学し、カーブル大学神学部で教えていたブルハヌディーン・ラバニー教授が会長に、アブドゥル・ラスール・サヤーフが副会長に選出された。のちにイスラーム党を創設して名を馳せることになるグルブディーン・ヘクマティヤール党首も、同協会青年部のメンバーとして活発な活動を展開した。このイスラーム協会のメンバーがのちにムジャーヒディーンとしてソ連軍と戦い、世界に名を馳せることになる。

王政時代、イスラーム協会青年部と位置づけられていたムスリム青年運動は、ライバルである左翼勢力に対抗しデモやストライキを組織した。カーブル大学キャンパスにおいては、とくに毛沢東思想を奉じる革新青年機構と呼ばれるグループと激しい武力闘争を演じた。こうした武力闘争によって、ムスリム同胞団の思想を奉じるムスリム青年運動と、イスラーム協会は一般の人びとにも知られるようになった。

当時の政治情勢は、ザヒール国王による立憲君主制が敷かれ、一九六四年には憲法が発布されていた。国王は二院制の立法府と自由な憲法の制定を支持した。同憲法は男女平等な市民権と誰でも自由に参加できる民主的な政府を基礎とし、選挙も実施された。この憲法がアフガニスタンを世俗国家とし、民衆の政治への関与が大きくなっていった。その結果、左翼勢力も含めたイスラーム協会をはじめとする多くの政治グループが生まれた。さまざまな政治思想を自由に語ることができる時代であった。学生運動も盛んとなり、デモや労働争議も頻繁に起きた。こうした政治的自由は、ときに政府の機能を混乱させ、麻痺させることにもなった。一九六四年から七三年の王政時代には五人の首相が交代した。

とくに一九七一年と七二年に起きた飢饉がさらなる政情不安をかき立てた。この政情不安をきっかけとして起きたのが、ザヒール国王の従兄弟ムハンマッド・ダウード王子による軍事クーデターであった。

ダウードは一九七三年、王政を転覆した。「アフガニスタンにおける民主主義の試みは失敗に終わった」と声明を出して、立憲君主制が終わったことを宣した。

ムハンマッド・ダウードは共和制が敷かれたことを発表するが、アフガニスタンの政治風景は一変した。それまで比較的自由に行われていた政治集会、労働争議やストライキなどは禁止された。王政時代からソ連社会主義に魅力を感じ、赤い王子とまで囁《ささや》かれていたダウード大統領の登場によって王政時代の中立路線は廃止され、一挙にソ連寄りの政策に変更された。王政時代、左右両勢力を含め政治グループが公式に政党として認可されることはなかった。しかし、ダウード大統領が政権を掌握すると、ソ連派と言われるアフガニスタン人民民主党の人材が多く登用された。人民民主党は政府の枢要な地位および地方行政府の主要ポストを占めることとなった。

私がカーブル大学に入学した時期はダウード政権の真っただ中であり、大学における政治集会や政治的発言は禁止されていた。私が学生や一般市民にダウード政権についてのコメントを求めると、人びとは口を閉じるジェスチャーをするばかりであった。

当然のことながら、ムスリム同胞団の思想を信奉するイスラーム協会やイスラームの政治勢力は、ダウード政権に対して大きな危機感を募らせた。カーブル大学で教鞭を執る同協会のラバニー会長らの幹部はパキスタンに亡命した。

一九七六年七月に発生した武装蜂起事件はこうした背景のもとに発生した。のちにマスード司令官の側近が私に語ってくれた事件の概要は次のとおりである。

まだ、アフガニスタンに潜んでいたアフマッドシャー・マスードに、グルブディーン・ヘクマティヤールが武装蜂起への参加を呼びかけた。当時、彼はイスラーム協会に所属するメンバーで、パキスタンに亡命していた。その計画は、首都カーブルのほか地方各地で一斉に武装蜂起し、ダウード政権を打倒するというものであった。マスードはヘクマティヤールに対し、ラバニー会長の許可の有無を問うた。すでに了解を得ているとの回答があったため、マスードはこの武装蜂起に同意した。しかし、ヘクマティヤールの一斉蜂起計画はまったくの虚偽であり、ラバニー会長も知らされていなかった。さらに、この時期ラバニー会長はサウジアラビアを訪問中で完全に蚊帳《かや》の外に置かれていた。一斉蜂起とは名ばかりで、ヘクマティヤールが語った蜂起など起こらず、パンジシェール峡谷で蜂起したマスードは多くの仲間を失って、自らもほうほうの体《てい》でパキスタンへ逃亡した。

パキスタンのペシャワールに逃れたマスードは、今回の「蜂起」が、ヘクマティヤールがイスラーム協会の会長に就くために仕組んだ陰謀であることを知った。このヘクマティヤールの裏切りに怒ったマスードは、ヘクマティヤールがペシャワールのパキスタン軍基地内に匿われていることを突き止めた。

マスードはヘクマティヤールを質すべく軍基地を訪ねた。仲間の死に怒るマスードの詰問に、ヘクマティヤールは平然と薄笑いを浮かべた。この態度に怒り心頭に発したマスードはヘクマティヤールに飛びかかった。周りで様子を見ていたパキスタンの軍人たちがマスードを取り押さえた。ヘクマティヤールを支援するパキスタン軍部は異議を唱えるマスードの殺害を決めた。マスードのこめかみに拳銃が当てられた。射殺される寸前、マスードの危機を聞きつけたイスラーム協会の大幹部が飛び込んできた。彼のとりなしによってマスードは一命を救われ釈放された。

この事件を境にマスードの消息はまったく途絶えてしまう。忽然と消えたマスードのその後の消息は誰も知らない。語られることもない。ただ、中東にいるらしいという噂を聞くのみである。

再び、マスードがアフガニスタンに姿を現すのは、パンジシェール峡谷のライオンと恐れられたムジャーヒディーン野戦指揮官としてであった。マスードはソ連軍に対して一歩も退《ひ》かないムジャーヒディーンの勇者として世界に令名を轟かせた。パキスタンはそんな彼を何度もパキスタンに招こうとした。

マスードとヘクマティヤールの亀裂の発端とその因縁について語り終えた側近は、この事件以降、マスードがパキスタンを訪問することはなかったと述べた。「たった一度を除いて」と私が補足すると、彼は「あぁ、あのときもマスードはパキスタン軍部の卑劣な取引にむかついていた」と述べた。

アフマッドシャー・マスード
(http://www.warmfoundation.org/project/visual-memory-center-of-ahmad-shah-massoud より)

マスードは、生粋の軍人ドゥースト・ムハマッド大佐を父とし、一九五二年、パンジシェール峡谷にあるバザラックのジャンガラック村で生まれた。祖父スルタン・ムハマッドは、大英帝国がアフガニスタンに侵攻した際に戦った勇士である。マスードの長兄もアフガン陸軍将校で、ペシャワールにおいて何者かによって拉致され殺害されている。当時、ヘクマティヤールの仕業であるとの噂が飛び交った。

パンジシェール峡谷で出会った古老の大英帝国との戦いの物語は、親が子供に聞かせる大冒険の昔話ではなく、このときすでに始まっていたのである。祖国に殉じた家系に連なる若きマスードの生涯も、その祖父が大英帝国と戦ったように、ソ連からの祖国解放と平和を求めて、その生涯を捧げることになる。このとき、誰もそのような未来を想像した者はいなかった。

第二章

一九七八年の軍事クーデターと若き愛国者の死

学生活動家との出会い

大学生活も三年目に入ると日常会話にも不自由しなくなった。その彼と出会ったのは、歴史の授業も軌道に乗り始めた春真っ盛りの頃であった。現在の政治情勢はどうなっているのだろう。アフガニスタンの近代史を勉強する上でぜひ知っておきたい、と友人に頼んだことがきっかけであった。

その友人は「今のアフガニスタンで政治を語ることはたいへん危険だ。下手をするとスパイ容疑で逮捕されるぞ」と恐れた。医学部に在籍するその友人は、勉強が忙しくて時間が取れない、と断ってきた。それなら代わりに誰か適当な人物を紹介してくれと頼んだ。

彼らとはカーブル大学の広いキャンパスで出会った。授業の合間にキャンパスを散策していると、近づいてきた。その彼は、妙に人懐っこい笑顔を浮かべて「アクラム」と言うと、力強い握手をしながら自己紹介した。私の友人はアクラム君を紹介した後、さっと離れた。アクラム君も次回の待ち合わせ場所と時間を決めると、同じように「それでは」と言って立ち去ってしまった。わずか数分間の出来事であった。それがアクラム君との最初の出会いであった。

顔にうっすらとひげを生やした彼は、英国人の俳優ショーン・コネリーに似た風貌を持っていた。その険しい顔つきから時折放たれる鋭い眼光は、獣のような緊張感を漂わせ、相手の心の動きをすべて読み取ろうとするかのようであった。彼はその後、人目を避けるため私のアパートを頻繁に訪れるようになった。

出会いの経緯から、アクラム君との交遊は政治論議が中心となった。当初、彼は私の真意を探ろうと、かなり用心深く接してきた。当然、私の身上を探ってきた。帝国主義者、あるいは西側のスパイではないか、この日本人留学生の真の目的は何なのか——それが彼の主要な関心事であった。のちに彼は、この得体の知れない日本人留学生の正体を暴いてやろう、と意気込んでいたと話してくれた。

そんな誤解が解けたある日、大学のキャンパスで彼とばったり出会った。彼は一緒にいた女子学生を紹介してくれた。目がくりっとして、モデルのようなスタイルをした美しい女子学生であった。アクラム君はにこにこしながら、「僕と連絡がとれないときや、何かあったときは、許嫁《いいなずけ》の彼女が君に連絡するから」と言って立ち去った。大学での接触はその二回のみで、あとは見かけても互いに挨拶することもなく、知らんぷりをして過ごした。

アクラム君との議論で判明したのは、彼は通称「永遠の炎」という、毛沢東主義を奉じる「革新青年機構」の流れを汲む学生活動家であるということであった。それまで、ザヒール国王時代の政治グループはすべて地下に潜ったと聞いていた。とくに「永遠の炎」グループは、左翼勢力のなかで最も急進的で過激なグループとして有名であった。

アフガニスタンの将来をどう考えるかとの質問に、アクラム君は「農村から都市へ」の変革こそ、中世の社会システムを有するアフガニスタンを変える最も有効な方法である、と熱っぽく語った。さらに、労働者の形成を待って社会主義革命を成し遂げるべきであると主張するアフガニスタン人民民主党を偽善者と断罪し、彼らはアフガニスタンの現実を直視していないと非難した。彼は「われわれアフガン人民にはそんな悠長な時間はない。一刻も早く欧米や日本のような近代化を成し遂げる必要がある。そうしなければ欧米との差はますます広がってしまう。そのためには地主階級を殲滅《せんめつ》し、人民民主党のような修正主義者を駆逐する必要がある」と、普段の物静かな様相を一変させ、その熱弁はやむことがなかった。そんな彼の熱弁のおかげで、アフガニスタンの政治状況がおぼろげながら見えてきた。

社会主義思想がアフガニスタンに芽生えたのは、一九五〇年代の自由国会運動以降と言われている。この時代の政治や思想活動が、アフガニスタンにおけるその後のさまざまな政治運動を生み出していった。一九七八年の軍事クーデターを引き起こしたアフガニスタン人民民主党のヌール・ムハマッド・タラキーや、バブラック・カールマルも、当時の政治活動に参加していた。一九六五年、社会主義思想を奉じるアフガニスタン人民民主党が創立された。ヌール・ムハマッド・タラキーが党首に選出された。その後、人民民主党はハルク派とパルチャム派の二派に分裂する。ハルク派はヌール・ムハマッド・タラキーが率い、パルチャム派はバブラック・カールマルが率いた。アクラム君に分裂した理由を尋ねると、タラキーとカールマルの個人的確執から生じたものだと、その経緯を語った。人民民主党の思想はソ連修正主義であり、パルチャム派はよりソ連に近いと教えてくれた。また、「人民民主党は王政時代からザヒール国王のいとこであるムハマッド・ダウード王子の庇護を受けていた」という。そのため、ほかの左派グループからは「宮廷社会主義」と揶揄されていた。

他方、王政に与《くみ》しない左派勢力として毛沢東思想を標榜するアフガン革新青年機構が、一九六五年にアクラム・ヨーリーによって創立された。アフガン革新青年機構は一九六七年に『永遠の炎』という名前の機関紙を発行した。この機関紙名から彼らは通称「永遠の炎」と呼ばれることになった。その「永遠の炎」から飛び出した、「民族の圧政」と呼ばれる最も過激なグループの存在も知ることになった。

一九七三年のダウード王子による軍事クーデターの実行主体は、ソ連に留学した軍人や警察官僚であった。人民民主党のハルク派およびパルチャム派も再統合して、ダウード王子の軍事クーデターを支持した。

ところが、ダウード大統領は政権掌握後、徐々に権力を自身に集中させ、ソ連離れしていった。そのため人民民主党も政権から追放された。カールマル率いる人民民主党パルチャム派は、それでもダウード大統領に取り入って政権にとどまろうとした。その政策の違いから、人民民主党は再びハルク派とパルチャム派に分裂した。

アクラム君はここまで語って、「現在の政治情勢のなかで毛沢東思想を標榜する革新青年機構は、アフガニスタンにおけるソ連の影響力を排除するため戦っている。一方、ダウード大統領は孤立しつつあり、日に日に圧政を強めている。そのため、この国ではすべての自由が失われている。経済は困窮し、人民は悲惨な状況に置かれているのが現状だ」と分析してくれた。

私はアクラム君に、現地語がまだおぼつかなかった一年前、アフガニスタンの友人宅を訪問したことを語った。そこで、でっぷりと太ったドクター・ナジィブッラーと名乗る人物に会った話をした。私は「彼は人民民主党の大幹部と言っていたが、知っているかい」と尋ねた。アクラム君は私の話に興味を持ったらしく、話の先を急がせた。

ドクター・ナジィブッラーは私を見ると興味深そうに日本人かと尋ねた。私の友人が、カーブル大学に留学している日本人留学生で、自分の女房がクラスメートであると説明した。ドクター・ナジィブッラーはその重そうな体をアフガン式ソファに沈めながら、突然、私に日本にはホームレスはどのくらいいるかと尋ねてきた。ホームレスとは道路で寝起きしている人たちのことですかと私は尋ねた。彼は「資本主義社会の日本は貧しくて、道路を住まいとする人びとがいると聞いている」と述べた。私は東京を思い浮かべながら、「貧しい生活を強いられている人がいるのは確かです。ただ、道路で寝起きしている人は見たことはありません」と答えた。彼は上体を起こしながら、「そんなことはあり得ない。資本主義国家では資本家によって労働者が搾取され、労働者は貧しい生活を強いられている。そんな嘘を言っては駄目だ」と言うと、突然、私のダリー語の能力では理解できない話を始めた。話の中で、マルクス、レーニンあるいは帝国主義といった単語が頻繁に出てきた。共産主義の話をしていることはわかった。が、それ以上はまったく理解できなかった。

ドクター・ナジィブッラーは勝ち誇ったように、「私の言っていることが理解できたかな。日本人の留学生君」と言った。私は反論しようにも何を論じているのかわからず黙っていた。私たちの話を隣で聞いていた友人が、私を見ながら「ドクター・ナジィブッラー。難しい議論をしても、彼はまだダリー語がよく理解できない。そういう議論のやり方は公平ではない」と助け舟を出してくれた。私は友人の言葉に感謝しながら、「ドクター・ナジィブッラー、あと二年経って私がダリー語をよく理解できるようになったら、再度議論したいと思います」と言った。彼は「フン」と鼻を鳴らして立ち上がり、握手をして出ていった。

私の友人は、「ドクター・ナジィブッラーは親戚だがたいへん失礼なやつで申し訳ない。あいつはソ連にかぶれた共産主義者で、人民民主党パルチャム派の指導者バブラック・カールマルの弟子なんだ」と説明して非礼を詫びた。

この話を聞いたアクラム君は「ナジィブッラー・ガウだからな」と言って笑った。どういう意味かと尋ねると、「『牛のナジィブッラー』という意味さ」と述べた。「牛は頑固で、猪突猛進、前に突進していくしか能がないだろう。ドクター・ナジィブッラーの性格と能力を表しているから、牛とあだ名がついたのさ」と言って再び笑った。

そのドクター・ナジィブッラーはのちに、バブラック・カールマルの片腕として情報機関の責任者となり、多くの人びとの処刑に関与した。最後は大統領にまで上り詰めた。しかし、ターリバーンがカーブルを陥落させた一九九六年、今度は彼自身がターリバーンによって処刑されることになる。

その日も、アフガニスタンがどうあるべきか、アクラム君と熱い議論を戦わせた。話が一段落したところで、私はカーブルの街を案内してくれるよう頼んだ。アクラム君は訝《いぶか》しげな顔をして「もう二年以上滞在しているのにカーブルの街を知らないのか」と尋ねた。「これまで勉強が忙しく、ゆっくり見学したことがない。たくさんの人がバザールで忙しく働いているが、何をしているのか誰も教えてくれない」と答えると、「よし。それではカーブルのいちばん汚くて、騒々しいバザールと、貧民窟を案内しよう。アフガン人民の生活を身近に見ることで、彼らがいかに搾取されているかがわかる。貧困の苦しみが理解できるはずだ。実地検分と行こう」と言った。二人は勢いよくアパートを飛び出した。

迷路のように入り組んで、人混みでごった返す有名なシュール・バザールを見学した。ジョディ・マイワンドの大通りに出ると、比較的広い歩道には、さまざまな品物を広げた露天商が並んでいた。それだけではない。散髪はいらんかねと声をかける散髪屋、道端に入れ歯をたくさん並べて売っている売人、古着をありったけ並べた古着屋、あるいは肩に何十枚もの古着の背広やジャケットを羽織って売りさばく古着の行商人、絨毯《じゅうたん》を担いで道行く人に声をかける絨毯の行商人、何を売っているのかよくわからない行商人も含めて、彼らは道行く人たちに売り込みの真っ最中であった。

彼は、「さて、どこから説明しようか」と言いながら私を見た。私はその雑踏を見ながら、手始めに歩道の脇で商いをする人たちについて説明を求めようとした。そのとき、前から女性が歩いてくる姿を見た。彼女はまるで、藤子不二雄の漫画に出てくるオバケのQ太郎のような姿をしていた。チャドリと呼ばれるかぶり物で、頭から足首まで体をすっぽり隠していたからである。顔の目の部分は網状になっており、外からはどんな顔をしているか想像すらできない。年寄りなのか若い女性なのかも、まったく見分けがつかない。チャドリをかぶっている女性を見るたびに、どうしたら見分けることができるのだろうと考えていた。とっさにその疑問をアクラム君にぶつけた。彼はにこっとしながら、「そんなことは簡単さ。足元を見るとわかるよ」と教えてくれた。たしかに、若い女性は明るい色をした綺麗な靴を履いていた。年寄りはくたびれた靴を履いている。なるほど、と納得して彼の顔を見ると、アクラム君はにこにこしながら、面白そうだと言いたげに次の質問は何だと訊いてきた。

歩道に敷いた白い布の上に、たくさんの入れ歯を並べた人物を見ながら、「アクラム君、あの人は目の前にたくさんの入れ歯を並べているけど、入れ歯を売っているの？」と尋ねた。笑いながら「彼は歯医者だよ」と言って、数メートル先にいる同じように入れ歯を並べた人を指さした。「ほら、彼はいま治療の真っ最中だ」と言った。たしかに彼の言ったとおり、歯医者とは思えぬ人物の前に、ターバンを巻いて民族衣装を着た遊牧民が大きな口を開けてどっかと座っていた。歯医者は歯に紐をかけて抜歯の最中であった。私は驚いて「麻酔はかけているのか」とアクラム君に尋ねた。「そんな高級なものはないよ」と答えながら、「医療設備がないこの道端で、不潔で医師免許も持たない医師と称する連中が医療行為を行っている。この事実を見てもダウード政権とこれまでの政府のでたらめさが理解できるだろう」と述べた。私は彼の説明にうなずきながら「だけど、麻酔もせずに抜歯するなど日本では考えられないし、痛くてたまらんだろう」と訊くと、アクラム君は笑いながらこう言った。「アフガンの男は痛いと言ったら、男の弱さを見せることになる。絶対に痛いとは言えないのさ。そんなアフガン人の性格を見抜いて、政府は何もしない。これがこの国の実態さ。この国には国民に奉仕する政治家などいない。革命が必要なんだよ」。最後の言葉を私の耳元に囁いて、私の顔を見ながらウインクした。私は抜歯を終えたパシュトゥーン族の遊牧民が、歯茎から血が出るのを手で押さえて平然としているありさまに、ただただ唖然とするばかりであった。

さらにアクラム君から行商人の説明を受けながらしばらく歩くと、老人が座っているのに出くわした。老人の前には白い布が敷かれ、その上に長方形の石のようなものが五、六個置かれていた。売れそうなものは何一つない。不思議に思った私は、彼は何を売っているのかとアクラム君に尋ねた。彼もわからないと首を振った。私は思い切って、何を売っているのかと老人に尋ねてみた。すると、老人はぼそぼそとつぶやいてその石を取って投げる仕草をした。私には何を言っているのか理解できなかった。見かねたアクラム君が「おい、じいちゃん。何屋さんなの」と尋ねた。また同じようにぼそぼそと言って、石を手の中で回しながらサイコロのように地面に転がした。するとアクラム君は「あぁ」と言って、くだらないから次に行こうと促した。「ちょっと待ってくれ。このじいさんは何をしているの?」としつこく尋ねる私に、ばかばかしいと言いながら、「占い師だよ。人の未来を占うなど、こんな偽善者を信じてどうする。実にくだらん。先に行こう」と言った。私は面白そうだからやってみようと引き留めた。彼はあきれた顔で私をじっと見つめ、「こんな非科学的なことを信じてどうするんだ。先進国の日本から来た青年が迷信を信じるとはわけがわからん。君は科学の信奉者ではないのか」と、頭を振りながら私に問い質した。私が彼の肩をたたいて笑いながら「ただの座興だよ。お遊びさ」と言うと、「進歩的な文化人がそんなことを言ってどうする。不謹慎とは思わないのか」とぶつぶつ文句を言いながら、それでも老人にどうするんだと尋ねてくれた。老人は目の前にある石のようなものを数個取って私に手渡すと、地面に振ってごらんと言った。私がそれを地面に振ると、その石のようなものをじっと見た後、「あなたは長生きするね」と言って手を出した。私は、アクラム君が金を支払おうとするのを制止した。すると彼は「君は僕の客だよ。僕が払う」と言い張った。私は「いやいや、僕が無理を言ったのだから僕が払う。ついでに君もそのサイコロのようなものを振って占ってもらったらどうだ」と言った。彼は乗り気なさそうにそれを地面に転がした。老人の顔を見ると、その老いた占い師は、「若い人。あと一、二年で死ぬよ。気をつけなさい」と言った。一瞬何を言われたのか理解できず、私たち二人は顔を見合わせた。同時に二人で吹き出した。アクラム君は大笑いして、「おい、じいさん。おれはまだ二十代の青年で、今まで病気などしたこともない。健康で元気な若者だよ。来年、おれが死ぬ？　そんなことあり得ないよ」と否定すると、ばかばかしいと言って笑いながら私の顔を見た。私もあまりの突飛な話とばかさ加減に大笑いした。「だから言ったろう。こんな非科学的なものを信じてはいかん」とアクラム君は言った。私も「君の言うとおりばかげたことだったな。まあ、これもご愛嬌ということで許してほしい」と言うと、彼は大きくうなずきながら再び大笑いして私の肩をたたいた。占い師の老人は二人で大笑いするのを憮然とした顔で眺め、「卦《け》が出ているからそう言っただけ。文句を言われても困る」とつぶやいた。つぶやく老占い師にアクラム君は「そうやって善良な市民を騙して金を巻き上げているのだろう。なんならそのでっかいケツを蹴り上げて、これ以上悪さができないようにしてやろうか」と、いたずらっぽりに言った。老占い師はお尻に手をやりながら猫に睨まれたネズミのように小さくなった。その姿を見て私たちは再び笑い転げてその場を後にした。

この出来事を機にアクラム君と私の関係が一挙に深まったのは言うまでもない。その後、彼は私にアフガン名をつけて「アジィーズ」と呼ぶようになった。

このとき、まさか二年後にアクラム君が非業の死を遂げることになるなど思いもよらなかった。

軍事クーデター

いつものようにアクラム君が訪ねてきた。その日はめずらしく興奮気味に、人民民主党のハルク派とパルチャム派が再統合したと教えてくれた。ダウード大統領が完全にカールマルのパルチャム派を切り捨て、ソ連と距離を置き始めたと語った。一九七七年七月の出来事である。

これはダウード大統領がこれまでのソ連寄りの政策を変更し、西側寄りになることを意味していると語った。そのときは彼の話をさほど重要とは考えず、あまり気にも留めずに聞いていた。

同年十一月にはホラム計画大臣が何者かによって暗殺された。十二月には国境大臣が狙撃されるという事件も起きた。アクラム君によると、パキスタンの支援を受けたイスラーム協会が事件に関与している可能性が高いという。さらに同月末にはアフガニスタン東部のヌーリスターン地方がイスラーム勢力の襲撃を受けた。ヌーリスターン地方はパキスタンに接している。そのためアフガン東部の主要都市であるジェララバードの治安も不安定になってきた。ダウード政権に不安定要素が増大しつつあるとアクラム君は語った。

次の年の一九七八年四月二十七日、非同盟諸国準備会議を間近に控えたカーブルに突然銃声が響いた。戦闘が開始されたのは午前九時であった。昼頃には、カーブル市の中心部にある大統領府を取り囲むようにして、激しい銃撃戦が行われた。戦車も繰り出された。私の目の前でラジオ・アフガニスタンの建物が砲撃された。頭上を飛び交う戦闘機が大統領府を爆撃するのも目撃した。市内には何台もの戦車が轟々と音を立てて動き、爆発音と銃声がひっきりなしに続いた。完全に戦闘が終了したのは翌二十八日の午後である。

戦闘が開始された二十七日朝には大統領府において重要な会議が行われていた。人民民主党は十九日に大規模な反政府・反米デモを行った。そのデモに対する責任者を処分するための閣議であった。

この反政府デモは四月十七日未明、人民民主党指導者の一人ミール・アクバル・ハイバルが殺害されたことに抗議して行われた。人民民主党はこの殺害事件を政府の仕業と見なし、反政府活動を表面化させた。

ミール・アクバル・ハイバルの葬儀は十九日に実施されることとなり、人民民主党による反政府活動は一つのピークを迎えた。葬儀参列者は約一万人におよぶと伝えられた。ミール・アクバル・ハイバルの棺《ひつぎ》を、人民民主党書記長であるタラキーをはじめとする幹部たちが担いだ。彼らは反米・反イランを叫んで墓地までデモ行進した。党幹部たちはハイバルの墓の前で追悼演説を行った。人民民主党の旗が振られるなか、カールマルは「君への復讐を誓う」と叫んだ。ダウード大統領とその政府を公然と弾劾したのである。カールマルの演説は追悼集会で最も過激なものとなった。直接には、この演説が政府への公然とした挑戦と見なされた。人民民主党幹部たちの一斉逮捕が、四月二十六日早朝から行われた。ラジオ・アフガニスタンは二十六日の夕方六時、人民民主党幹部たちの逮捕を報じた。

軍事クーデター後に新政府が発表した刊行物は、のちに大統領となるフィズラ・アミンが武装蜂起を計画し、軍の同志に伝え、二十七日にクーデターを決行させたと伝えている。ドクター・ナジィブッラーの親戚である私の友人は、逮捕を免れたドクター・ナジィブッラーが、国軍にいる人民民主党の秘密党員に連絡をとって軍事クーデターを画策したと語った。

二十七日の夕刻七時、アブドゥル・カーディル空軍大佐が、ラジオ・アフガニスタンを通じて軍事革命評議会名で声明を発表した。彼は「アフガニスタンの歴史において初めて、残っていた王制と暴虐と圧政は終わった。血に飢えたヤヒヤァ王家の支配も終わりを告げ、国家権力は軍事革命評議会にある」と、クーデターの成功を伝えた。しかし、このときダウード大統領が立てこもる大統領府では、頑強な抵抗が続けられていた。そればかりではなく、政府軍側の激しい抵抗に遭い、革命評議会側は追い込まれた。解放されていた人民民主党幹部を国外逃亡させるため、一時カーブル空港へ避難させた。戦いはミグ戦闘機やスコイ戦闘機が参加し、夜間になっても双方の戦いは激しく続いた。アフガン東部の町ジェララバードの司令官は、大統領救援のため戦車隊を率いてカーブルに攻め寄せたと言われる。翌二十八日のラジオ・アフガニスタンは大統領府における戦闘の終焉を伝え、人びとはダウード大統領の死を確認したのである。ところが、このような異常事態の中にあってさえ、民衆は誰の手によってクーデターが行われたのか判然としてはいなかった。

大事件が起きたにもかかわらず、アクラム君は姿を現さなかった。クーデター発生の三日目であったと思う。ふらっと現れたアクラム君は「君のことが気になっていたが、忙しくて来ることができなかった」と言い訳をした。五分間だけ時間ができたので無事を確認しに来たという。すぐ出ていこうとするので、慌てて、何が起きているのかと質問した。彼は、人民民主党が政権を掌握したと述べた。軍事革命評議会のアブドゥル・カーディル空軍大佐の素性について尋ねた。アクラム君は「彼らは一九七三年のダウードが起こしたクーデターの参加者でロシア留学組だ。アブドゥル・カーディル空軍大佐が率いる軍事革命評議会メンバーには人民民主党でないメンバーもいる」と答えた。アフガニスタンはどうなってしまうのだと尋ねると、「まだ何とも言えない。流動的なので十分注意するように」と言って立ち去った。

政権を奪取した人民民主党は四月三十日、党首のタラキーを大統領兼首相、カールマルを副大統領兼副首相、ハルク派でタラキーの片腕とされるハフィズラ・アミンを副首相兼外相に任命した。彼らは二十七日の軍事クーデターを「サウル月七日革命」と呼んだ。

サウル月とはアフガニスタンの暦で年の初めの月を表し、三月二十一日はお正月にあたる。軍事クーデターがアフガン暦サウル月七日に起きたことから、このように名づけられた。人民民主党はこの四月二十七日の軍事クーデターを「革命」と位置づけた。

人民民主党の新政権は、王家による圧政、拷問と搾取により民衆があえいでいたとラジオで報じた。この圧政を取り除くため、人民民主党は軍の同志とともに独裁者ムハンマッド・ダウードを倒して人民を解放したと、ラジオ・アフガニスタンで繰り返し報じた。

クーデター後の五月十六日、再びアクラム君が来て新しい情報をもたらしてくれた。イスラーム勢力と毛沢東主義派が共同戦線を張って現政権に対抗するという。イスラーム勢力と毛沢東主義派は思想的に相容れないどころか、かつて激しい武力闘争を演じ、死者まで出している政治グループである。果たして共同戦線を張ることができるのかと疑問を投げたところ、彼はわからないと答えた。「はっきりしているのは、人民民主党以外のすべての政治勢力は、今般の軍事クーデターに大きな危機感を募らせているということだ」と述べた。同じアフガン人でありながらなぜそれほどまでに人民民主党を嫌悪するのかと質すと、彼は「やつらはアフガン人ではない。アフガン人のふりをしたロシア人だよ。ロシアのためだけに働く連中さ」と断じた。「ロシアがアフガニスタンに手を出すと必ず動乱が起きる。なぜなら、過去にもロシアの影が見えただけで大英帝国がアフガニスタンに侵略した。今回も間違いなく西側諸国がロシアの南下を食い止めようとアフガニスタンに干渉してくる。その結果、民衆は塗炭の苦しみにあえぐことになる。歴史を学んでいる君ならよくわかるだろう」と語った。

私はアクラム君に次のように反論し、食い下がった。同じアフガン人ならたとえ思想が違っても、「イスラーム勢力」と「毛沢東主義派」が共同戦線を張ったことからも、母国が他国の侵略を受けることを許さないのではないか――。すると彼は、「君はまだこの国のことを知らない。もっと歴史とこの国の人びとについて勉強してほしい」と言った。まだ納得のいかない顔をしている私にアクラム君は、「アジィーズ」と私のアフガン名を呼んだ。そして「実の兄弟よりも君を兄弟と思っている。つい一週間前にクーデター未遂事件が起きた。首謀者は逮捕されたが、これから何が起こるか誰にも想像できない。この国で何が起きるかをしっかり見ていてほしい」と述べて出ていった。

政権を奪取してまもなく、ハルク派を率いるタラキー大統領とパルチャム派の指導者であるカールマル副大統領の間に改革をめぐる政策論争が起きた。急激な改革を主張するパルチャム派と、それに反対するハルク派との議論が激しさを増してきた。アクラム君によれば、政策論争とは言うものの単なる権力闘争で、再び武力闘争につながる危険性をはらんでいるという。「どうせ、ソ連が間に入って調整することになる」と彼は言っていた。

六月二日、突然、アクラム君が訪ねて来た。今回の軍事クーデターに関与していた友人で、ハーミッド・モフトゥートが日本大使として国外に追放されるので、紹介しておきたいという。私が驚いた顔をしていると、モフトゥートは一九七三年のダウード王子による軍事クーデターに参加したロシア留学組の軍人であると教えてくれた。ダウード政権では通信相に任命されたが、のちに辞任させられた。今回の軍事クーデターでも重要な役割を担っていたという。アブドゥル・カーディル大佐と同様に愛国者であるが、残念なことに外に出されることになったと述べた。

モフトゥート大使の自宅が私の住まいの近くであったことから、私はアクラム君の友人と一緒に、モフトゥート大使を訪問した。日本への赴任を前に多くの訪問客が詰めかけるなか、数分だけ立ち話をすることができた。アクラム君の友人が私を紹介すると、モフトゥート大使は私を見ながら「わかった。東京で会おう」とだけ言った。アクラム君の友人が早口で何かを伝えると、モフトゥート大使は「二年後には間違いなく帰国する。このままにはしておけない」と言っているのが聞こえた。

その事件が起きたのは、六月から七月の人民民主党内の派閥闘争が激しくなってきた頃であった。夜遅く玄関のベルが鳴ったので出てみると、アクラム君が立っていた。今までになく緊張した様子である。入ってくると、「実は大変なことが起きた。至急知らせておこうと思ってやってきた」と、私の目をまっすぐ見ながら話し出した。「僕の許嫁を覚えているだろう」と彼は言った。私は大きくうなずいた。「彼女が僕を裏切った。彼女には僕の仲間の住所録や、日記など秘密情報が書かれた書類を預けてある。ところが最近、彼女の様子がおかしいので調べたところ、ほかに男ができたらしい。それもよりによって人民民主党員でハルク派の男だったことがわかった。すぐに、預けた書類を返してくれと彼女に言ったが、そんな書類は預かっていないとしらを切った。もし、あの書類が人民民主党の手に渡れば、僕の仲間は一網打尽になる。それだけではない。実はあの書類には君のことも書いてある。君も反政府組織に関与していたとして逮捕される」

私にとっては寝耳に水、まさに晴天の霹靂であった。どうするつもりかと尋ねると、「もう一度彼女を説得する。もし、彼女が書類を返さない場合は殺す。それ以外に方法はない。君だけでなく仲間の命も懸かっている」と言って、立ち上がった。彼はまた来ると言って、慌ただしく立ち去った。

この報せに動転した私は逮捕されることを想定し、これまで時間をかけて収集した歴史書や政治グループの資料を友人宅に預けた。当然、これまで書いた日誌、とくにアクラム君との交友記録はその大部分を即座に処分した。あとは何事も起きないことを祈った。

あの日も陽が沈んで十分に暗くなってからであった。夕食を終え、お茶を飲みながらくつろいでいると、来客を知らせるベルが鳴った。アクラム君の来訪であった。彼の顔には無精ひげが生え、極度の緊張感からか、その目は一種異様な色を帯びていた。殺気立ったその顔は、頬もこけ、疲労困憊の様子がありありと見えた。部屋に入るなり、倒れ込むようにしてアフガン式ソファに体を沈めた。疲れきった声で「アジィーズの兄弟、もう何も心配はいらない。彼女を射殺した」と言った。

「昨日の夕べ、彼女の家を訪ねた。家から出てきた彼女に、預けた書類を渡してくれるよう頼んだ。案の定、彼女は預かったものなどないと言ってとぼけた。そんなことはない。頼むから返してくれ、と頼んだ。彼女は再び、預かったものなどないと言って、家の中に戻ろうとした。仕方なく、彼女の額に銃を向けて三発撃ち込んだ」と語った。

アクラム君は懐に手を入れて銃を取り出した。彼の手にはソ連製の拳銃マカロフが握られていた。その拳銃を見つめながら誰に言うともなく、「これで射殺した」とつぶやくように言った。充血した目を大きく見開き、私をまっすぐ見ながら、静かな声で「アジィーズ！　安心してくれ」と彼はつぶやいた。その目には怒りと悲しみの色が漂っていた。「これで僕も指名手配になった。しばらくアジィーズのところに匿ってくれ」と言った。私は彼の話に呆然としてしばらく言葉を失った。どうしてこんなことになったのだろう。何が起きようとしているのだろう。大きな不安が膨らむなか、私は自問自答を繰り返した。そんな私を見たアクラム君は「これ以外に最良の方法はなかった。何度説得しても彼女は書類を返してくれなかった。僕にとってもたいへんつらく、苦しくて、悲しい決断だった」と、自らを奮い立たせるように語った。その言葉を聞いて私の心には言いようのない悲しみが広がった。仲間を助けるためとは言いながら、かつての恋人を殺害せざるを得なくなったアクラム君。そのつらく悲しい決断をしなければならなかった彼の胸中を考えたとき、私はかつてないほどの悲しみと、おろおろする自分の心の弱さに慌てふためいた。いま彼にしてやれることは、彼を匿う以外に方法がないことを知った。

ほぼ一カ月、官憲の目を逃れるためアクラム君は私のところに潜んだ。当初は来訪者がベルを押すたびにびくびくしていた。幸いなことに、これまで私とアクラム君が話をしているのを見た人は誰もいなかった。アクラム君も彼女を射殺したときに誰にも顔を見られることはなかった。たとえ誰かが見ていたとしても、刻限が夕刻であったことから顔を認識することはできなかったはずだと、彼はその周到さを語った。

アクラム君は私がアフガニスタン近代史の勉強のためにこつこつと買い集めた書籍を、毎日のように読み漁った。夜になると二人で政治談義を続けた。しばしば夜更けに至ることもあった。彼の議論はいかにして人民民主党政権を倒すかにあった。彼はすでに人民民主党パルチャム派は追放されるだろうと語り、ハルク派のナンバー2であるハフィズラ・アミン外相が権力を握ろうとするに違いないと予測した。

ある晩、いつものように政治談義をしていたところ、彼は「兄弟、そろそろ様子を見に行ってくる」と言って、次の日、太陽が沈む黄昏《たそがれ》の時間を選んで、道路に誰もいないのを確認して出ていった。数日して戻ってきた彼は予想どおり、権力はハルク派が握り、パルチャム派が追放されると語った。たしかに、七月五日、カールマルをはじめとするパルチャム派の幹部は外交官として追放された。

地方の情勢もきわめて不安定な状況になってきた。とくにパキスタンと国境を接するアフガン東部のヌーリスターン地方、クナール県ではイスラーム勢力による武装闘争によって治安が悪化してきた。

カーブル市内にはシャーレナウと呼ばれる繁華街がある。ここにはチキン・ストリートと名づけられた、外国人で賑わう華やかな通りがある。チキン・ストリートにはニワトリを売る店に混じって、土産物屋、宝石商、野菜や果物を売る八百屋が軒を並べていた。

ある日、通りを歩いていると、留学した当初から馴染みとなった八百屋の親父が声をかけてきた。頭にターバンを巻いて、大柄な体に、たいこ腹が突き出た気のいいパシュトゥーン族の親父である。彼は、この政府は無神論者で地方では暴動が起きていると語り出した。彼によると、政府はクナール県の著名なイスラーム聖職者であるムッラー・ミヨグルジョーンに出頭命令を出したが、反対に六月初旬、ムッラー・ミヨグルジョーンは反乱を起こしたという。さらに「ミヨグルジョーンは神から授かった術を使って軍を全滅させてしまった」と、身振り手振りを交えながら語り出した。「ミヨグルジョーンが手のひらに灰を乗せてフーッと一息吹いたら、軍隊も戦車も吹き飛んでしまった。そのため逮捕できなかったのさ」と、まるで自分が見てきたように真剣な顔で話をした。千夜一夜物語に出てくるアラジンと魔法のランプのような話に、笑いをこらえるのが大変だった。

「ジェハード（聖戦）が宣せられたら親父さんはどうする」と私は尋ねた。彼は姿勢を正して胸を張ると、右手を胸に置き、「パシュトゥーン人は神の名の戦いに参加する」と、当たり前のことを訊くなと言わんばかりに答えた。クーデターが発生して数カ月も経たないうちに、人びとは人民民主党政権を見限った。民心は離れ、アフガニスタンには混乱の兆しが見え始めたのである。

実はのちほど判明したのだが、アクラム君によれば、人民民主党の内紛は、軍事クーデターが発生して数日も経たないうちに起きたようである。クーデター直後の三日目、パルチャム派の幹部でのちに大統領となるドクター・ナジィブッラーが、大統領に就任したばかりのタラキーと口論になった。その際、ドクター・ナジィブッラーは「自分たちの指導者はミール・アクバル・ハイバルであってあなたではない。彼のいなくなった今、次の指導者はパルチャム派指導者のバブラック・カールマルである。あなたは単なるシンボルにすぎない」と言い放ったようだ。人民民主党政権はクーデター直後から分裂の様相を呈していた、と言えよう。

八月三日に訪ねてきたアクラム君は、「今年もイスラームの断食月がやってくる。この時期にイスラームの聖戦が発せられる可能性がある」と語った。同時に政権内部からクーデターが起きる可能性もあると教えてくれた。また、このとき初めて、これまで軍事革命評議会議長で、その後、国防相に就任したカーディル大佐は、人民民主党ハルク派やパルチャム派に所属しないわれわれの仲間であると教えてくれた。ところが近頃、カーディル大佐の様子がおかしいという。「政権内部がかなり混乱している。いずれにしても、まだはっきりしていない」と、意味不明なことを述べた。何のことかわからずにいたが、このときすでに複数のクーデターが計画されていたことを後で知った。

十八日のラジオ・アフガニスタンは、パルチャム派によるクーデター計画が発覚し、首謀者としてカーディル国防相を逮捕したと報じた。二十三日、人民民主党がパルチャム派の閣僚を追放した。一見、カーディル国防相とパルチャム派によるクーデター計画のように見えた。アクラム君に「カーディル国防相は人民民主党パルチャム派とともにクーデターを計画していたのではないのか」と訊くと、彼は「カーディル国防相は人民民主党の内紛に嫌気が差し、パルチャム派とは別行動をとろうとしていた」と語った。私は「その別行動とは、アクラム君たちのグループと組んだ政府転覆計画ではないのか」と質してみた。彼はニヤッと笑ったのみで、私の質問には答えようとしなかった。その代わり、「イスラーム勢力からのクーデターも画策されていて、誰もが人民民主党政権を倒すことに必死だよ」と言ってはぐらかした。

「もし、イスラーム勢力のイスラーム協会がクーデターに成功した場合にはどうするのだ」と訊くと、彼はこう言って嘆いた。「イスラーム協会はファシストなのでわれわれとは相容れない。そのため、戦いになるだろう。そのとき、われわれはアフガン東部を取ることになる。注意しなければならないのは、その結果、アフガニスタンが分裂することである。われわれ（アクラム）のグループはいまだ名前もなく、ロシアでも米国でも中国でもない社会主義者のグループである。とくに軍に多くの仲間を有している。われわれは兵器庫から武器を奪って戦っているので、どうにもならない」

アクラム君は初めて彼の所属するグループの存在と、そのめざすところを語り始めた。それでも、誰が指導者であるかについては口を閉ざしたままだった。私の考えを察したのであろう。ある日、彼は「アジィーズの兄弟、知らないほうがいい場合がある。知らなければ誰に訊かれても知らないで終わる。知ってしまうと後で後悔することがある」と、意味深長なことを述べた。彼は何らかの手違いで、私が逮捕されることを想定しているのだと感じた。これもアクラム流の友への温かい配慮だと思った。胸に手を当てて「ありがとう」と言った。彼は久しぶりにあの人懐っこい笑顔を浮かべ、「アジィーズ、僕たちは兄弟さ」と言った。

タラキー大統領は九月二十二日、大使として国外に追い出したパルチャム派の幹部たちの職を解き、追放処分にしたことを発表した。これにより人民民主党政権はハルク派が完全に掌握することとなった。

勢いに乗った人民民主党ハルク派政権は十月十九日、赤い旗を新たな国旗として制定した。しばらくすると、カーブルのイスラーム寺院に掲げられていた新しい赤の国旗が引きずり下ろされ、イスラームの色である緑色の旗が掲げられるという事件が起こった。国内各地でも同様な事件が頻発した。

アクラム君によれば、パルチャム派との戦いに勝ったハルク派だが、逆にハクル派を支持する政治グループがなくなり、ハルク派は左派勢力内においても完全に孤立したということらしい。それのみならず、タラキー大統領とアミン首相との軋轢《あつれき》が激しさを増し、政権内部における権力闘争は一段と激化しているという。また、一般市民ですら「ハルク派による政権維持は困難になるのではないか」

と囁き始めていると語った。

同様に、ソ連大使館に勤務する私の知人も、政府内部の勢力争いにはほとほと困ってしまうと嘆いた。冬には情勢が悪化する可能性が大きいと誰もが言っている、と私が伝えると、これ以上の騒動は必要ないと強い口調で言った。ソ連も人民民主党政権の内紛に手を焼いている様子を見て取ることができた。

アクラム君は相変わらず、私のところに一週間から一〇日間潜んだ後、どこかへ消えてはまた私のところに姿を現すという逃亡生活を続けた。一九七八年も残すところ一カ月を切った十二月五日、アクラム君はいくつかの驚くべき情報を持ってやってきた。

イスラーム協会を中心とするイスラーム勢力が二万丁におよぶ機関銃をパキスタン政府より入手し、雪で活動が困難になる冬を避け、来春を待ってアフガニスタン国内で一斉蜂起するというものであった。九月九日にはパキスタン軍事政権を率いるジア・ウル・ハック将軍がカーブルを訪問した。タラキー大統領と会談したばかりであった。この情報が正しければ、アフガニスタンとパキスタン両国の関係が明らかに悪化の方向に向かっていることを示唆していた。

二つ目の情報は、今回の軍事クーデターの引き金となった人民民主党の指導者ミール・アクバル・ハイバルの暗殺事件についてであった。現人民民主党ハルク派政権のアミン首相が彼の手下に命じて殺害した、というものであった。昨年、暗殺されたダウード政権のホラム計画相は、イスラーム勢力の手によって暗殺されたと噂されていた。この暗殺事件もアミン首相の仕業であるという。これまでのアクラム君の情報の的確さには常々舌を巻いていたが、今度ばかりは違うのではないかと反論した。「ハイバルの暗殺事件はイスラーム勢力の仕業」と言っていたのはアクラム君自身ではないかと指摘した。さらに、仲間を排除し、それを政権崩壊のきっかけとする陰謀は、理屈としては理解できるが、一歩間違えば自分の首を絞めることになりかねない。アミン首相を追い落とそうとする連中の讒言《ざんげん》ではないかと反論した。アクラム君は絶対に間違いないと主張するばかりで、その情報の出所を明かすことは決してなかった。

三番目は、現政権に激しく抵抗している革新青年機構から分派したグループ「民族の圧政」の話であった。軍事クーデターが起きて人民民主党が政権を握った当初、人民民主党はほかの左翼グループに対し、左翼勢力の大同団結を呼びかけた。それに応じた「民族の圧政」の党首、ターヘル・バダクシィーは政権に参加した。それもつかの間、バダクシィーは逮捕され投獄された。ナンバー2のバドゥルディン・バーエスも同様に逮捕されたが、彼は脱獄して現在、バダクシャーン地方に潜んでいる、というものであった。当時この話を聞いても何が重要なのか理解できず、のちにダボス米大使暗殺事件につながっていくとは想像することすらできなかった。

ダボス米大使殺害の真相

翌年の一九七九年二月十四日、カーブルの街は騒然とした。ダボス米大使が誘拐される事件が起きたからである。私はちょうど自転車で大学から自宅へ戻るところだった。星条旗を付けた車が走っていくのをたまたま見かけて、米大使が乗っているなと思ったのを覚えている。その直後に、米大使を乗せた車は停車させられ、大統領府の近くにあるカーブル・ホテルに連れていかれた。そのまま誘拐犯はダボス大使とホテルに立てこもったのである。

自宅に戻った私は、ラジオ・ニュースを聴いていたアクラム君から米大使誘拐事件を聞かされた。すぐに自転車でカーブル・ホテルに向かった。ホテルは多くの警察官が取り囲み、物々しい雰囲気に包まれていた。警察官に交じって、ロシア人と思われる人びとがいるのを確認した。私と同じように物見遊山に来たアフガン人に尋ねると、警察が誘拐犯と交渉しているようだ。ロシア人は内務省にいるロシア人顧問だろうと述べた。しばらく見ていたが膠着状態のようで、ホテルに立てこもった誘拐犯と警察との間には何の動きも見られなかった。

自宅に戻ってアクラム君にこの話を伝えると、彼は薄暗くなるのを待って飛び出していった。その後、ホテルを急襲した警察と軍の部隊が、ダボス米大使をはじめ、誘拐犯を射殺したことから事件は一挙に終わりを告げた。政府はテロリストたちがダボス米大使を射殺したと非難した。米大使解放のために最善を尽くしたが、米大使はテロリストたちによって殺害されたと発表し、誘拐犯を非難した。

当時のカーター大統領率いる米国政府は、アフガン治安当局が米大使釈放の交渉をせずにホテルに突入した結果、ダボス大使が殺害されたと非難した。この事件をきっかけに、カーター大統領はアフガニスタンへの経済支援の削減を決定した。

アクラム君は三日後の十七日に戻ってきた。彼によれば、米大使誘拐の実行グループは「民族の圧政」であり、交通警察官に変装した四名が米大使車を停めて誘拐したという。誘拐犯がカーブル・ホテルを選んで立てこもったのは、大統領府がそばにあり、政府との交渉に都合がよいからであった。その上、マスコミにもすぐに知れ渡ることが理由であったと語った。彼らの要求は「民族の圧政」の指導者であるターヒル・バダクシィーとバドゥルディン・バーエスを含む一〇名におよぶ幹部の釈放であった。本当のねらいは誘拐犯たちの指導者であるバーエスの釈放にあった。

バーエスは「民族の圧制」のメンバーで、人民民主党政権に参加した指導者のターヒル・バダクシィーと異なり、ゲリラ戦によって、人民民主党政権を打倒すべきと主張した。こうした意見の相違から、バーエスは「民族の圧制」を離脱して分派したのである。誘拐犯たちはバーエスのグループに属していた。バーエスのグループは、米国を反政府活動に引きずり込む目的も有していた。アクラム君はテロの危険性について、一〇日ほど前に米国大使館に十分に警戒するように警告したと語った。誰が、どのような理由で、どのようにして、そのような警告を米国大使館に伝えたのかについては語ろうとしなかった。

「民族の圧政」から分派した理由を尋ねると、人民民主党政権に対する政策の違いであるとして、バーエス以外に分派したメンバーにはマジッド・カルカニーが著名であると語った。

マジッド・カルカニーとは「アフガンのロビン・フッド」として名高いアフガン北部地方に出没する盗賊のことかと私は訊いた。とくに、バダクシャーン県やタホール県の民衆から義賊と呼ばれている人物かと尋ねた。アクラム君はにこにこしながら、「アジィーズ、よく知っているな」と言った。

私は「バダクシャーン県を旅したおり、地元の人たちから悪い役人を懲らしめ、貧しい人びとに施しをする義賊だと聞いた」と言った。アクラム君はそれまで厳しい顔を見せながら話をしていたが、この話を聞いた彼は笑いながら、「カルカニーは盗賊でも義賊でもなく、『民族の圧政』グループのメンバーで、ダウード政権時代からアフガン東北部を中心に反政府のゲリラ活動を実施してきた人物だよ」と教えてくれた。目の前に置かれた冷めた紅茶を一口飲んで、彼はソファからゆっくり立ち上がると、「これまでに判明したことはこれだけだ」と言って、再び夜の闇に消えていった。

二十二日、夜の帳《とばり》が降りる頃、再びアクラム君がやってきた。三日前にバグラン県のホルム郡において郡長と郡警察署長が殺害されたという。三〇人の兵士も殺された。この事件はバーエスのグループによる人民民主党ハルク派政権に対する報復であると語った。

さらに、米大使誘拐事件について新たな情報を持ってきた。誘拐犯たちのアフガン政府に対する指導者釈放の要求はまったく聞き入れられなかったと語った。政府は、バーエスはすでに国外に逃亡しており、誘拐犯人たちの要求には応えることができないというのがその理由であった。ところが外国に逃亡したというのは嘘で、バーエスを再逮捕したのち、ただちに処刑したことから、誘拐犯たちの要求に応えることができなかったというのが真相であると述べた。私は「なぜ、そんなことになったのか」と尋ねた。「実は五カ月前にバーエスは逮捕されている。その後、病気になったため監視付きでカーブルのアリアバード病院に入院していた。そのとき、仲間が彼を逃亡させるのに成功した。ところが二〇日ほど前、カーブルのハイルハナ地区に潜んでいたところを再逮捕されてしまった。そのため仲間が再び彼を助けるために仕組んだのが米大使の誘拐であったわけだ。ところが、政府はバーエスを再逮捕してすぐに処刑した。つまり、誘拐犯たちが米大使を誘拐したときにはバーエスはすでに処刑されていた。そのため政府は誘拐犯たちの要求に応えることができなかった。そこで政府は、バーエスが病院から抜け出して外国に逃げ去ったと言い訳をした。誘拐犯たちが、バーエスは二〇日前にハイルハナ地区で再逮捕されたと言っても、政府はそんな事実はないと否定したそうだ。そのため交渉が行き詰まった結果、政府は米大使を含む誘拐犯たちを殺害して、事件をうやむやにするのが得策と判断した」。それが事実ならひどい話だなとコメントすると、「アジィーズ、これは事実だよ。この事件に関与した人物は僕の友人で、彼から直接聞いたのさ」と言われて、私は再び驚かざるを得なかった。

アフガニスタンのロビン・フッド

軍事クーデターから約一年が経とうとしていた。しかし、その影響はおさまらず、米大使誘拐事件以降、半月の間にアフガニスタン国内では一般市民による暴動が四、五カ所で発生した。イスラーム勢力が密かにパキスタンから戻ってきて、四月末に反乱を起こすという噂も絶えなかった。カーブルは不穏な空気に包まれていた。

三月七日、アクラム君が訪ねてきた。逃亡生活にも慣れたようで、薄汚れた、よれよれのジーンズをはいていた彼が、ペロハーン、トンボーンと呼ばれるアフガンの民族衣装に着替えてやってきた。

米大使誘拐事件では仲間が殺害されたこともあり、疲労感が漂っていたが、以前より元気になったようだ。

彼は座るとすぐに「アジィーズ」と言って話し出した「イスラーム勢力のイスラーム協会は真剣にこの春の四月までに政権を奪取することを考えている。彼らは絶対に現政権を崩壊させると主張している」と語った。「それなら君たち人民民主党ハルク派政権に反対する左翼勢力はどうするのか」と尋ねた。彼は「イスラーム勢力が政権奪取した後に、どのようにしたら、即座に彼らから政権を奪取できるか、その方法を考えている」と述べた。

当初、私にはアクラム君が何を言おうとしているのかよく理解できなかった。彼はそのまま説明を続けた。「もし、イスラーム勢力が政権を奪取した場合、その後、ソ連の直接介入を受けて崩壊するという可能性もある。それを計算に入れておく必要がある。いずれにせよソ連の直接介入は絶対に避けなければならない。そのためイスラーム勢力が政権奪取した場合、即座に彼らから政権奪取を図る必要がある。万が一、政権が奪取できない場合は山中にこもってゲリラ戦に入る。武器を奪ってイスラーム勢力と戦うことを考えている。そのためにはイスラーム勢力が政権を奪取する前に、軍にいる同志たちの協力を得て大量の武器を掠奪することを計画している」。彼は一気にまくし立てた。

私は〝ソ連のアフガニスタン介入〟と聞いて驚いた。「そんなことがあり得るのか」と訊き返すと、アクラム君は「もし、現政権がイスラーム勢力によって崩壊し、権力が奪取されるようなことが起これば、ソ連が介入してくる可能性が大きいと考えている」と語った。彼は続けて「そうなったらアフガニスタンは独立を失う」と強い口調で述べた。「何度も言うようだが、もし、そのような事態に陥った場合、即座に政権奪取に動き、奪取の暁にはソ連とのバランスも考えて、ソ連からの援助を取り付ける必要性があると思っている」と述べた。

三月十四日のパキスタンのラジオ放送によれば、ジア・ウル・ハック大統領が、パキスタン政府はアフガニスタンのイスラーム勢力を支援し、アフガニスタンに干渉してくることが明白になったとパキスタンが積極的にイスラーム勢力を支持すると表明した。アクラム君とこのラジオ放送を聴いて、パキスタンが積極的にイスラーム勢力を支持すると表明した。

四月に入ると、アフガン外務省は外交団に対し、カーブルから六〇キロ以遠への遠出は命の危険を伴うと通告してきたと聞いた。

いつものようにアクラム君がふらっとやってきた。彼は「アジィーズ、面白い話があるぞ」と言った。彼によると、アフガン政府は軍用車数台にもおよぶ大量の武器をバルーチスターンの独立派に送った。しかし、彼らには渡らず、反政府側にそっくりそのまま渡ってしまったという話をしてくれた。

ソ連はインド洋をめざす南下政策を本格的に開始したのだろうかと尋ねると、「現在のアフガン政府はソ連の傀儡《かいらい》以外の何物でもない。タラキーもアミンもソ連の言いなりだよ。それが証拠に、去年のクーデター後にソ連はワハン回廊に部隊を派遣して中国との国境付近に配置したという噂がある。これはワハン回廊にある、中国と接する国境を押さえたことを意味する。アフガニスタンは中央ユーラシアへの入り口で、ソ連の中央アジアや中国の新疆ウイグル自治区にも通じていることを忘れてはいけない。アフガニスタンは中央ユーラシアとインド洋との両方に通じるゲートなのさ。そのため、ソ連の傀儡となった内陸国であるアフガニスタンの現政権が、インド洋に接するパキスタンのバルーチスターン州に手を出して、バルーチスターン州の独立派へ支援を開始することは当然のことさ。もちろん、それはパキスタンの崩壊を意味することになる」と彼は語った。

彼の言うとおり、この数日間にアフガニスタンとパキスタンの関係が急激に悪化しつつあるのを感じた。十六日に訪ねてきた大学のクラスメートも、ほとんどの県で反乱が相次いでいると知らせてくれた。

サウル月革命の記念式典が近づいてきたせいか、二十五日にはカーブル市内の繁華街であるシャーレナウやシャーレナウ公園には戦車が配置され、厳戒態勢が敷かれた。ラジオ・アフガニスタンの放送局の前にはロケット砲を積んだ戦車も配置された。首都カーブルだけでなく、アフガン南部の古都カンダハール郊外では反乱が発生したと伝えられた。サウル月革命の一年後、すでに政情は大きく乱れ、アフガニスタン全体が緊張感に包まれているのを感じた。

そんな緊張感が高まるなか、私はソ連大使館に勤める知人宅を訪問した。知人とは、先頃アミン首相が発表した五カ年計画について議論した。私は、アミン首相が五カ年計画の最終年にはアフガニスタンは社会主義に移行すると発言したことを捉え、「そんなことは絶対に不可能だ」と主張した。「部族主義が色濃く残り、近代的な生活からはほど遠い古い因習と慣習に縛られている人びとが、そうした考えを唯々諾々として受け入れることはあり得ない」とも述べた。彼はいら立ちを隠さず、「そのとおりだが、この問題については何も言うことができない」と述べた。このとき私は、権力を掌握したアミン首相に対し、すでにソ連のコントロールが利かなくなっているのかもしれないと感じた。

昨年の四月二十七日の軍事クーデターをサウル月七日革命と呼ぶ人民民主党政権は、この革命記念日に大々的な式典を予定していた。

それに対抗して、反政府勢力はその数日前から「シャブ・ナーマー（夜の手紙）」と呼ばれる怪文書をカーブル市中にばらまいた。非合法反政府組織はしばしば反対意見を書いた紙やパンフレットを、夜陰に乗じて密かに各家々に投げ込んだ。もちろん、差出人や宛名もない。逮捕、投獄を避けるためである。夜間に投げ込まれるため、人びとはこの怪文書を「シャブ・ナーマー」と呼んだ。言論統制が厳しくなったダウード政権時代から盛んに行われたが、とくにこの時期は複数の非合法反政府組織が「シャブ・ナーマー」をまいた。私の自宅にもたびたび入れられた。

その「シャブ・ナーマー」は「イスラーム勢力は近く行われる革命記念式典において行動を起こすので、非常に危険である。革命式典には近づかないように」と警告していた。さらに「人民民主党ハルク派政権はソ連の傀儡政権である」と非難していた。左派勢力の中国派である「永遠の炎」も、現政権はソ連社会帝国主義の手先で、売国奴であると非難した。同時に、同じ反政府勢力であるイスラーム勢力をアメリカ帝国主義に加担する反動勢力であると非難した。

この日、友人宅を訪問すると、彼は声を潜めながら、早く現政権が崩壊することを望んでいると述べた。私は、多くの人びとがクーデターによって政権が交代することを期待しているのをひしひしと感じた。

二十八日にはアフガン北部のワハン回廊においても、現地のキルギス族が反乱を起こしたと伝え聞いた。アフガン国内各地で現政権に対する不満が噴き出していた。

夏真っ盛りの八月のある晩、来客を知らせるベルが鳴った。ドアを開けると、しばらく顔を見せなかったアクラム君がいた。私の家には誰も連れてこない彼が、見知らぬ男性と立っていた。驚きながら、誰にも見られていないことを注意深く確認し、急いで彼らを自宅に招き入れた。

二人を部屋に通すと、パコールと呼ばれるヌーリスターンの人びとがかぶる帽子をかぶったその男は、素早く部屋を見回して誰もいないことを確認した。大柄で肩幅の広い、がっしりした体つき。端正で童顔の雰囲気を残したその顔立ち。玄関から部屋に入るまで、彼の物音一つ立てない身のこなしに心中驚いた。

あらためてアクラム君と握手を交わした。この国では親しい者同士であれば、握手だけではなく、互いに頬をつけて抱き合う挨拶をする。息災を尋ね合うこの国の挨拶を交わすと、アクラム君はこの見知らぬ男性の名前も告げず、自分の師であると紹介した。その彼は私をまっすぐに見た。大きな手をしていた。一言も発することなく、私の手を力強く握った。その透き通るようなまなざしには、鋭さとともにどこか優しさがあった。

名前を訊いていなかった私はアクラム君に師匠の名前を尋ねた。アクラム君は一瞬、躊躇する仕草をした。師匠の顔をちらっと見ると、一呼吸おいてこう言った。「私の師のマジッド・カルカニーさんです」。私は聞き間違えたと思った。「えっ！ 誰だって」と心の中でつぶやいた。すると、その男は「マジッド・カルカニーです。アクラムがお世話になっています」と、静かな声で挨拶した。再び、大きな手を出して握手を求めてきた。本当に驚いた。アクラム君を見ながら、「アフガンのロビン・フッドか？」と小さな声で尋ねた。彼は笑いをこらえながらマジッド・カルカニーを見た。「そうさ、そのロビン・フッドだよ」と答えた。私は「あのー、どこからともなくやってきて、民、百姓を救う、正義の味方で伝説の義賊、マジッド・カルカニーさんですか」と恐る恐る尋ねた。その訊き方がおかしかったのであろう、アクラム君は一気に吹き出すように大きな声で笑った。それまで彼は笑い声を出すまいとして必死に手で口を押えていた。マジッドはアクラム君のその行為を優しい目つきでたしなめながら、今度は笑顔を浮かべて「私がマジッドです」と静かに言った。

正直、私の目の前に突然、民衆の英雄が現れることは想像を超える出来事であった。誰もその素性を知らず、突然、馬に乗って現れ、貧しい人に金を分け与え、悪い役人を懲らしめる。まるで、小説や映画に出てくるヒーローの登場であった。

昨年、アフガン北部のタホール県とバダクシャーン県を訪問して友人の義理の母親宅に泊まった際の出来事をカルカニーに話した。

カーブルからの長い旅路で、その友人と疲れた体を休ませていたところ、われわれの訪問を知った地元の治安責任者が訪ねてきた。彼は、われわれを見ながら、「盗賊のマジッド・カルカニーが数日前に隣村に出没して強盗を働いた。戸締まりを十分にするように。夜は誰が来ても戸を開けることのないように」と注意した。それを聞いた友人がそんなに治安が悪くなっているのかと尋ねると、隣村の有力者が襲われ金品が強奪されたと語った。また、旅行中であればなおさらのこと、十分気をつけるようにと述べた。一週間前には乗合バスがカルカニーに襲われ、乗客が金品を強奪される事件も起きていると言って帰っていった。

ところが、その役人が帰ると、友人の祖母が、「強奪された有力者は日頃から評判の悪い強欲な鼻つまみ者で、ロビン・フッドが懲らしめのためにやったのさ。村人たちは胸がスカッとしたと言っているよ。その強奪した金品は近隣の貧しい連中の家に投げ込まれていたそうだよ」と語った。

友人が「おばあちゃん、われわれも車で旅をしているので心配だが、乗合バスはどのようにして襲われたの」と尋ねた。「カルカニーはね、どこからともなく馬に乗って襲撃してきたの」とおばあちゃんは答えた。友人の祖母の話を聞いて、故アマヌッラー国王から王位を奪った盗賊で、水運び人足の息子ハビブッラー・カルカニーを思い出した。なぜなら、このハビブッラーも同じカルカーン出身の盗賊だったからである。

マジッド・カルカニー

私は、ロビン・フッドのカルカニーも盗賊を生業としているなら、ハビブッラー・カルカニーと同様に無教養で、冷酷、無慈悲な人物ではないかと尋ねた。すると、おばあちゃんは一週間前に襲撃を受けた乗合バスの話をしてくれた。彼女はこのバスに乗っていたのである。乗客のなかに貧しい母と子がいた。この親子はバス停留所で、「町に着いたら親戚がバス代を支払ってくれるのでぜひ乗せてほしい」と、運転手に泣きながら頼んでいた。夫が病気で伏せっており、町に住む親戚を頼って見舞いに行くところらしい。貧しくてバス賃が払えず困っていたが、ようやく説得して乗せてもらった。ところが、バスがロビン・フッドの襲撃を受けた。バスに乗り込んだロビン・フッドが乗客の金持ちに喜捨を強要した。ロビン・フッドがおばあちゃんのそばにやってきた。年寄りには何もしないと知っていたので、おばあちゃんは黙っていた。ロビン・フッドはそばに座っていたその貧しい母子の前に立った。恐ろしさに震えて母親が「私たちは貧しくて食べ物すらありません」と言うと、ロビン・フッドは財布を出せと要求した。母親は財布すら持っていませんと震えながら答えた。それでは手を出せと言ったので、母親は恐る恐る手を出した。するとカルカニーは自分のポケットから財布を取り出した。「これは私の金である。今、喜捨として受け取った金ではない。この金はこの親子に与えるので、もし、この金を彼女から奪う者がいれば、私はその盗人を処罰するために再びやってくる。よく覚えておくように」。乗客に向かってそう言うと、ロビン・フッドは大枚を母親に渡した。

「私、それを見てうれしくて思わず拍手してしまったのよ。そしたら、みんなつられて拍手していたわ」。おばあちゃんはそう言って笑った。「マジッド・カルカニーはハビブッラーのような無教養で、無慈悲な人物ではないわよ。民衆の味方で、困っている人や貧しい人びとを困らせることはしない。悪いことをしている連中を懲らしめるだけよ。聞くところによると、詩を作ったり吟じたりする教養のある人物らしいわよ。だから、あなたたちは襲われる心配はないわよ。逆にお金を恵んでくれるかもね」と、おばあちゃんはにこにこしながらその思い出を本当に楽しそうに語った。「マジッドは顔を隠していたけど、澄み切った目をしたいい男だったわ」と言った。これを聞いた友人が「おばあちゃん、カルカニーに恋をしたな！」と言ったところ、おばあちゃんは一瞬、恥ずかしそうにして、「何を言っているの。年寄りをからかうもんじゃないよ」と言った。すると友人は大きな声で、「おばあちゃんはカルカニーに恋をした」と言ったので爆笑の渦が巻き起こった。

この話をマジッドとアクラム君はにこにこしながら聞いていた。印象的だったのはマジッドの目がまったく笑っていなかったことである。

すでにマジッド・カルカニーは指名手配となっており、私は二人の指名手配犯を自宅に匿うこととなった。もちろん非常に危険であることは承知していた。だが、それ以上に、マジッド・カルカニーとの出会いに興奮した。マジッド・カルカニー自身から、アフガニスタンの現状をどう分析し、今後、どうするつもりなのかを訊く絶好の機会であると考えた。二人にお茶を出しながら、その晩は三人で白々と夜が明けるまで語り尽くした。

マジッド・カルカニーは「人民民主党政権はソ連の傀儡政権であり、アフガニスタンは主権を有していない」と強い口調で述べた。「現在の人民民主党政権は、アフガニスタンがソ連邦領内に併合されることすら望んでいる。この政権が続けば、いずれアフガニスタンは独立を失うことになる」と語った。「すでにアクラムから聞いていると思う」と前置きして、「自分たちはすべての反ソ連勢力の結集を画策した。主義主張の異なるイスラーム勢力にも呼びかけた。その理由は主義主張より国の独立こそが、唯一かけがえのないものだからである。独立が維持できなければ、アフガン国民の名誉と尊厳を守ることができない」と、力強く述べた。

「エジプトのムスリム同胞団の思想を奉じるイスラーム協会の連中は、われわれの考え方に賛同した。ところがしばらくすると、独自に政府転覆の動きを開始した。初めは、イスラーム勢力だけでは政府転覆ができないことから、われわれの意見に賛同した。最近、われわれの呼びかけに反応せず、拒否し始めた。その理由は、パキスタンからの支援によってイスラーム政権を樹立できると考えているからだ。パキスタンの支援によってイスラーム政権がアフガニスタンに樹立されれば、現在の人民民主党政権とまったく同じ傀儡政権となってしまう。そのため、イスラーム勢力との連立政権樹立は不可能となってしまった。このままでいけば、アフガニスタンはソ連の衛星国家に組み込まれる。それを阻止しなければならない。さらにいま最も困難なことは、イスラーム勢力による政権奪取によってソ連の直接介入を引き起こすことである。ソ連に介入のチャンスを与えてはならない。イスラーム勢力の連中はその危険を理解しようとしない。ソ連の直接介入は絶対に避けなければならない。問題はイスラーム勢力がクーデターに成功して政権を奪取した場合、どのようにしてソ連の介入を避けるかにある。唯一の方法として、イスラーム勢力が政権を奪取した直後、間髪を容れずにわれわれが政権を奪うことだと考えている。幸いなことにわれわれのシンパは現政権の内にも外にもいる。彼らを糾合して新たな政権を樹立するしかない。当然、われわれの政権はソ連とのバランスをとった政権でなければならない。そうすることによってアフガニスタンは自主独立を維持することができる」と語った。「もちろん、このような方法は一般市民を巻き添えにする危険があることはよくわかっている。しかし、それ以外に方法は見当たらない」と、以前にアクラム君が語っていたことを繰り返した。話の終わりにカルカニーは「西側諸国は現在のアフガニスタンをどう見ているのだろうか」と訊いてきた。

私は彼の質問に対し、「一介の留学生で日本大使館とはほとんど交渉のない私にはまったくわからない。でも、昨年の軍事クーデター後に発生したカーディル大佐たちの反乱事件への対応を見ていると、何かを考えているとは思えない。現状を見ているだけだと思う。さらに何が起きているか、情報すら持っていないと思う」と答えた。彼は「そうか」とうなずくだけであった。

私は「カーブルにある各国大使館よりも、あなたたちの同志であるモフトゥート大使が日本に赴任したばかりなので、彼を通じて西側諸国の動向を探るのがいちばんだと思う」と提案した。とくに日本はさまざまな情報が入るので最適な場所だと答えた。するとカルカニーは表情を変えることなく、「あいつは駄目だ」と吐き捨てるように言った。私はその意外な反応に驚いて、「モフトゥート氏は、大使として日本に赴任しなければ投獄すると脅された」と聞いていると述べた。カルカニーは一言、「臆病なだけよ」と答えた。私はアクラム君がわずかにうなずくのに気がついた。「モフトゥート氏の自宅を訪問した際、彼は『二年後には間違いなく帰国する』とアクラム君の友人に伝え、私には『東京で会おう』と言った」と伝えた。だが、カルカニーは「彼は頼りにならん」と言ったきり、その後、モフトゥート大使については触れようとしなかった。

カルカニーは一晩ほど厄介になりたいと言って滞在した。次の日の夕刻、暗闇に紛れるようにアクラム君とともに立ち去った。

アクラム君が訪ねてきたのは数カ月経過した秋口であったと思う。彼は機嫌がよく「アジィーズ、僕の師匠の印象はどうだった?」と訊いてきた。私は率直に「すばらしい師匠だね」と言った。そのコメントに、喜びを体に表しながら何度も何度もうなずいていた。カルカニーのモフトゥート大使についての評価を尋ねると、アクラム君は、残念ながら彼の言ったとおりだと述べた。また、アクラム君は「モフトゥート大使とは郷里が同じパンジシェール峡谷だが、彼の優柔不断な態度には正直がっかりした」とも教えてくれた。

私は「ところで、ロビン・フッドのマジッド・カルカニーはその名前が示すようにカルカーン出身か?」と尋ねた。アクラム君はアフガニスタンでは姓を自分の出身地名にすることがよくあると答えた。

「それじゃあ、一九二九年、王位を簒奪《さんだつ》した盗賊のハビブッラー・カルカニーも、カルカーン出身か」と尋ねた。そうだと答えたアクラム君に、「アマヌッラー国王が、ハビブッラー・カルカニーに引きずり下ろされたため、アフガニスタンの近代化は一〇〇年以上も遅れたのではないか」と質問した。

故アマヌッラー国王は大英帝国から独立を獲得した英雄である。アフガニスタンの歴史上、最も開明的な国王と言われている。アフガン国民の誰もが敬仰する君主でもある。「もし、盗賊のハビブッラーが王位を簒奪せず、故アマヌッラー国王の近代化政策が成功していれば、アフガニスタンはアジアで最も進んだ国になっていたであろう」。こう言って、アフガンの人びとは彼を称賛する。人民民主党政権も故アマヌッラー国王の功績を称え、ハビブッラーを断罪した。そのハビブッラーを駆逐したナディール将軍は故アマヌッラー国王を復位させることなく、自らが王位に就いた。そのため人民民主党政権は、ナディール将軍は王位を奪い、独裁と圧政を敷いた専制君主であると非難した。人民民主党がクーデターで倒したダウード大統領や元ザヒール国王は、このナディール将軍の家族であり親族でもある。

「アジィーズの考え方はアフガン民衆の誰もが納得する説明だ。アマヌッラー前国王の近代化政策を遅延させたのは、ハビブッラー・カルカニーはもちろんのこと、ハビブッラー・カルカニーを駆逐して、彼を処刑したヤヒヤァ家のナディール将軍であると言われている。ナディール将軍はハビブッラー・カルカニーを駆逐する際、王位に就く野望は有していないと約束した。ナディール将軍は権力を握った途端、その考えを変えて王位に就いた。そのため、アマヌッラー前国王支持者で近代化を望む人びとからは嫌悪されている。本当にアマヌッラー国王の近代化政策は民衆が望んだものだったのか、僕は正直疑問に思っている。アフガン人の多くの人びとがハビブッラー・カルカニーは水汲み人足の息子で盗賊、無教養で読み書きもできないと、異口同音に彼を罵《ののし》る。それなら、なぜ、独立の英雄であり、民衆が敬仰するアマヌッラー国王が簡単に盗賊に敗北してしまったのか。おかしいとは思わないか？」

アクラム君はそう言って、私には思いつかなかった疑問を投げかけた。彼は続けた。「われわれは歴史の真実を見ることなく、勝手に決めつけて解釈していたのではないかと最近思うようになった」。そして、静かに、熱を込めてこう語った。「民衆の支持がなければ盗賊であるハビブッラー・カルカニーが国王の軍隊を破ることはできない。ハビブッラー・カルカニーは民衆から大きな支持を受けていた。そのため王位を簒奪することができた。そういうことではないのか？ 実は急激な近代化を恐れた民衆がハビブッラー・カルカニーを支持したため、アマヌッラーは敗北したと考えるのが正しいのではないか。逆にアマヌッラーは民衆の心を読むことなく、寄り添うこともなく、急激な改革を推進した。そのため民衆から反感を買い、国を追われることになった。違うかな？ 人びとの心に寄り添う政治が重要ではないのか。現在の人民民主党政権もアマヌッラー国王と同じ過ちを犯そうとしている。われわれはそのような過ちを犯すことなく、民衆とともに歩む政治がこの国の人びとにとって大切なことのように思える。そうは思わないか」

私は正直言って驚いた。「アマヌッラー国王は国の近代化のために努力し、それがアフガン民衆の利益になると信じたからではないか。アマヌッラー国王はアフガニスタンが一七四七年に建国されて以降、これまでの王のなかで最も民衆に寄り添った政治を行ってきたのではないか。そのような過ちを犯すことはあり得ない」と、いささか興奮してアクラム君に反論した。私にとってアマヌッラー国王はヒーローでもあったからである。彼は「アジィーズ、過ちを犯さない人物などどこにもいない。アマヌッラーも大きな過ちを犯したのさ。その過ちがゆえに、ハビブッラー・カルカニーが王位を簒奪した。ハビブッラー・カルカニーは当時の民衆の声を代弁したにすぎない。民衆はアマヌッラーを異教徒と呼んだことを知っているか。現在のアフガニスタンの状況を見ればよくわかる。イスラーム勢力の主流であるイスラーム協会は今の人民民主党政権を異教徒だと罵っている。同時に民衆も現政権が無神教の人びとによって運営されている。あるいは、乗っ取られたと主張している。ハビブッラー・カルカニーは異教徒となったアマヌッラーが王位を簒奪したと主張した。政治は民衆の心から離れて行うことはできない。アマヌッラーは、民衆は無知蒙昧で、彼らは導かれる必要があると語った。だが、民衆を導くには民衆の心を知り、寄り添う必要がある」と論じた。私はアクラム君に、「民衆は無知蒙昧であるというアマヌッラーの指摘は決して間違っていない」と主張した。

その上で、アフガン南部のカンダハールでは天国の土地を売るイスラーム僧侶がいる話をした。「そのイスラーム寺院では毎週金曜日になると小さな紙に書かれた天国の土地の取得証明書が売られている。このような人物が僧侶であるなら、当然、民衆は無知蒙昧となってしまう。先日もレストランで食事をしていたら、遊行僧が現れ喜捨を乞うていた。レストランのオーナーがナンと呼ばれるアフガンのパンをこの僧に与え、僧は立ち去った。それを見ていたレストランで働くボーイたちは、私の耳元に『モフトゥ・ホール（ただ飯喰い）』と囁いてばかにしていた。僧侶であるならば、民衆を正しい道に導くのが彼らの務めではないのか。このような僧侶や無知蒙昧の民衆が、アマヌッラーの近代化政策を理解できず失敗に追い込んだのではないか」と論じ立てた。するとアクラム君はこう語った。「アフガニスタンの僧侶が腐敗していることは否定しない。民を導く立場にある僧侶が、金銭に執着して天国の土地を売買するなど言語道断の所業である。そのため、われわれ若い世代が古い因習や慣習をやめさせ、アフガニスタンの近代化を成し遂げなければならない。強制によって反動が生まれるのも事実である。われわれは民衆とともに歩んでいく必要がある。彼らから乖離すれば、アマヌッラーの二の舞になる。今の政権も民衆から完全に乖離している。われわれは自らの歴史をしっかりと見直す必要がある」。続けて、「いずれにせよ、いま目の前にある問題はどのようにしてソ連のアフガニスタン介入を阻止するかにある。これからますます厳しい戦いになると思う。われわれアフガン人の戦いをしっかり見ていてくれ」と言って笑顔を浮かべた。

そして、「アジィーズ、大学を卒業したら君はすぐにこの国から離れるべきだ」と言った。彼の意見に対し、私は「今年は卒業式も、学位の授与式も取りやめのようだ。それに卒業証書も授与しないと言っている。そこで、これからアフガニスタンがどうなるか、もう一年ほど滞在してもいいかなと考えている」と答えた。それに対してアクラム君は「ソ連が介入すれば何が起こるか見当がつかない。その前に出国すべきだ」と言った。「われわれの戦いは日増しに激しさを増している。気持ちは理解できるが危険すぎる」と、静かだが強い口調で忠告した。

そこには出会った頃のアクラム君の面影はまったくなかった。アフガニスタンを一身に担った戦闘者としての力強い生気が満ち溢れていた。同時にそこには、これから強いられる厳しい戦いを想像してか、その戦いに負けまいとして踏ん張る、凛々しいアフガン青年の姿があった。

私がアフガニスタンを離れる数日前、アクラム君はいつものように自宅を訪ねてくれた。彼は私を見るなり、「一週間後に何かが起きる。ここにはいないほうがいい。危険だ。いずれ、ソ連がやってくる」と、再び出国を促した。当時、タラキー大統領とアミン首相との関係が修復不可能と噂されるほど悪化していた。

「アジィーズ。元気でいてくれ」。私が「再会を楽しみにしている」と返事をすると、笑いながら「エンシャー・アッラー（神の思し召しがあれば）」と言った。神を信じないアクラム君の冗談とも思える言葉に、笑いながら同じように「エンシャー・アッラー（神の思し召しがあれば）」と返すと、彼は大きく笑い、両手を広げて私に抱きつき頬にキスをした。私は「戦いに勝って生き延びてほしい」と伝えた。彼の目を見ると、その目に笑いの色はなく、自ら望んで身を投じた戦いとはいえ、透き通った瞳の奥には哀しさが漂っているようであった。「アジィーズ！　見送りのために空港には行かない。その理由はわかるだろう。元気でいてくれ。さようなら！」と言って、いつものように夜の闇の中に消えていった。

私はアフガニスタンを出て放浪の旅に出た。約一週間後の一九七九年九月十四日、トルコのイスタンブールでアミン首相がタラキー大統領の辞任を発表したのを知った。十月九日、ラジオ・アフガニスタンがタラキー前大統領の死去を報じた。私はアクラム君の無事を祈りながら旅を続けた。

十二月二十七日、英国のオックスフォードで、ソ連がアフガニスタンに軍事介入したことを知った。この出来事はアクラム君とその師であるアフガンのロビン・フッド、マジッド・カルカニーの計画が失敗したことを示していた。イスラーム勢力によるクーデターではなく、人民民主党内の権力争いによって、ソ連の軍事介入が引き起こされた。

アミン首相は自らの師であるタラキー大統領を排除して一挙に権力を掌握した。権力の亡者となって、次々と政敵を倒していった。変わり身の早いアミンの動きに、いちばん警戒を強めたのはソ連首脳部であった。アミンの動きを止める必要がある。アミンは米国に寝返るかもしれない。その噂をアクラム君から聞いたとき、「到底信じることはできない。まず、米国がアミンの話を信じないだろう」と答えた。彼も私の意見にうなずいた。

人民民主党パルチャム派は、アミンが寝返ればソ連の対アフガン政策は破滅的な結末を迎える、とソ連に囁いた。ソ連軍侵攻後、政権を奪取した人民民主党パルチャム派のカールマル政権は、CIAの手先で祖国を帝国主義者に売り渡そうとしたとして、アミン大統領を非難した。

マジッド・カルカニーとアクラム君たちの読みは正しかった。英国滞在中に聞いた風の便りでは、その一年後にアクラム君は捕縛され処刑されたという。三〇数年を経て、アクラム君の友人と再会することができた。彼は、私がアフガニスタンを離れた約一カ月後にアクラム君が逮捕されたと語った。「激しい拷問を受けたにもかかわらず、仲間たちのことを一切語らず、銃殺された」と、その最後の生きざまを語った。

アクラム君の師匠、アフガンのロビン・フッドは、ソ連社会帝国主義に反対するすべての勢力を結集するため連合戦線を創設した。ゲリラ戦に身を投じ、ソ連軍侵攻後の一九八〇年六月九日、逮捕、拷問の上、処刑された。

「マジッド・カルカニーはカーブル県コーダマン郡北カルカーンの出身で英語とアラビア語をよくし、祖国解放のためにソ連社会帝国主義勢力と戦った。ソ連軍侵攻後、人民民主党パルチャム派とハルク派の政権によって処刑され、殉教した」と、海外在住アフガン人学生連盟が報じた。その記事を読んだ私は、ただただ彼らの冥福を祈るほかなかった。

第三章

ムジャーヒディーン

山林の老僧

ソ連軍侵攻以降、反政府勢力は自らを「ムジャーヒディーン（イスラーム聖戦士たち）」と呼び、主にパキスタンのペシャワールを根拠地として一〇年以上におよぶ長い武力闘争を開始した。

ムジャーヒディーンと呼ぶ勢力はソ連軍の侵攻に反対するすべての勢力を結集することとなった。その数は十数派に分かれたが、主要勢力となったのが、イスラーム協会から派生したグループであった。イスラーム協会はムスリム同胞団系列のグループで、一九七一年に創設されたことはすでに述べた。その後、会長のブルハヌディーン・ラバニー教授に不満を抱く人びとはイスラーム協会から分派した。その一人、副会長であったアブドゥル・ラスール・サヤーフはアフガニスタン・イスラーム解放同盟を創設した。グルブディーン・ヘクマティヤールのイスラーム党からは、ユノス・ハーレスが飛び出し、イスラーム党ハーレス派と呼ばれた。

前述したようにイスラーム協会はイスラームの近代化を叫ぶ人びとであり、伝統的なイスラームが有する古い因習や慣習を排除し、イスラーム国家の建設を目的としていた。そのため当初から伝統的なイスラームとは相容れなかった。

同胞団系とは異なる伝統的なイスラームに近いグループも創設された。元国会議員のムハマッド・

ナビー・ムハマディはイスラーム革命運動を創設した。イスラームの神秘主義教団カディリアの流れを汲むサイード・アフマッド・ギラニーはイスラーム国民戦線を立ち上げた。ナクシュバンディ教団の流れを汲むと主張するセブガトゥラー・ムジャディディは民族解放戦線を創設した。

この七つのグループはアフガニスタンの大多数を占めるスンニ派によって構成され、少数派であるシーア派は八つのグループを創設した。おおむねスンニ派に属するグループはパキスタンを基地とし、シーア派のグループはイランを基地として活動した。

ソ連によるアフガニスタンへの軍事侵攻は近隣諸国のみならず、イスラーム諸国に大きな衝撃を与えた。アフガニスタンのムスリム同胞を支援すべきとして、西側諸国のみならずイスラーム世界の支援が開始された。イスラーム世界からの支援を受けたムジャーヒディーンは聖戦を叫んで果敢な戦いを開始した。

当時、ムジャーヒディーン各派の基地が多く集まっていたパキスタンの国境の町ペシャワールには、東はインドネシアから西はモロッコに至る、アラブ諸国を含む多くのイスラーム諸国の青年が聖戦に参加すべく集結した。このなかに後日、九・一一事件を引き起こすイスラーム過激主義を奉じたウサーマ・ビン・ラーディンがいたのは言うまでもない。ムジャーヒディーン勢力は、アフガン各地においてソ連軍の基地および輸送隊を襲撃するなどゲリラ戦を展開した。アフガニスタンの人民民主党政権とソ連軍は疑わしい村落を焼き払うなどして対抗した。その結果、多くのアフガン人が難民となって隣国パキスタンやイランへ逃げ出した。

一九八八年四月のジュネーヴ協定において、ソ連軍のアフガニスタンからの撤退が決定し、八九年二月にはソ連軍の完全撤退が終了した。誰もが、ソ連軍の撤退によって、ムジャーヒディーン勢力が人民民主党政権を一気に駆逐するものと考えた。予想に反し、ムジャーヒディーン勢力はアフガン政府を崩壊させるどころか、戦いに勝利することができなかった。アフガン政府は粘り強い抵抗を見せ、ムジャーヒディーン勢力との一進一退の戦闘が続いた。

私にはなぜ、アフガン民衆の支持を受けているムジャーヒディーン勢力が、人民民主党政権を倒せないのか不思議でならなかった。当時、私はパキスタンの日本大使館に勤務していた。ある日、ムジャーヒディーン勢力のメンバーとして戦いに明け暮れる、アフガンの友人から遠出の誘いを受けた。著名なイスラームの高僧がいるので会いに行くという。坊さんと会ってどうするのだと訊くと、彼は「ソ連軍がアフガニスタンから撤退しても、まだわれわれムジャーヒディーンは共産主義者との戦いに勝てない。なぜ、勝利することができないのか訊きに行くのだ」と答えた。そのときは、どこの国でも困ったときは神頼みなのだなと変に納得した。面白そうだと思って彼に付き合うことにした。

現地人の服に着替え、パキスタンのペシャワールから友人のランドクルーザーに乗り込んで高僧がいると言われる場所に向かった。インダス川を越え、荒涼とした原野や、山間部を抜け、いくつもの小さな村々を通り過ぎた。三時間は乗っていたと思う。そこは広大な山裾が広がり、樹木もほとんど見ることのない荒涼とした場所であった。こんな場所に寺院などあるのだろうかと思っていると、鳥居のような門が忽然と目の前に現れた。よく見ると門の奥には広々とした敷地がある。なかには数軒の建物が立っていた。その建物は通常のイスラーム寺院とは異なり平屋建てで、イスラーム寺院だと言われなければ気がつかない質素な建物であった。人影も見当たらず、何とも形容できない殺風景な場所であった。その門をくぐって、駐車場と思しきところに車を停めた。時計を見るとすでに午後二時になっていた。外は午後の日差しが強く照りつけていた。

敷地の奥に、イスラーム寺院に付随する塔であるミナレットが見えた。イスラームではこの塔から、信者にお祈りの時間が来たことを呼びかける。たしかに、言われてみるとイスラーム寺院のようである。日差しが強いためか、周りを見渡しても誰もおらず、運転手に車で待つように伝えた。彼は「妻が病気で、自分も具合が悪いので老師に祈っていただきたい。ぜひ連れていってほしい」と懇願した。友人は私を見ながら仕方がないと言いつつ同行を許した。強い日差しの中を三人で広い敷地を横切ろうとした。誰もいないと思っていたところに、いつの間にか若い男性がひょっこりと現れた。音もなく近づいた男は、私たちに向かって「老師様のところに行かれるのか」と尋ねてきた。友人が「そうだ」と答えた。彼はわれわれに軽くお辞儀をしながら、黙って案内に立ってくれた。まるで、私たちが来るのをどこかで待っていたかのようであった。

一軒の建物のそばを通り過ぎたとき何気なくのぞくと、四、五〇人の若者が床に正座しているのが見えた。彼らは目の前にイスラームの聖典クルアーンを置き、目を閉じて、首を前後に振りながら一心にお祈りを捧げていた。それは「ズィクル」というイスラームの行であった。ズィクルについては話や書物では知っていたが、実際に見るのは初めてであった。ズィクルは喩えて言えば、日本の念仏や唱名のようなもので、〝神の名を唱えること〟や〝神を賛美する〟という連禱《れんとう》を通じて神秘体験を得るという修行である。私は彼らのズィクルの行を見て、初めてイスラームの神秘主義を実践する修行道場に来たのを知った。彼らは通称「スーフィー」と呼ばれる遊行僧で、日本の托鉢僧に似て、喜捨を受けながら修行をしている。ここは「ハーナカー」と呼ばれる彼らの修行道場であった。

遊行僧はズィクルによって忘我の域に達し、瞑想三昧にふけると書物から得た知識で知っていた。私は、思わず立ち止まって、よく見ようとした。すると案内の若者はそこには何もないかのように、無情にも「どうぞこちらへ」と次の建物に案内した。私は初めて遊行僧のハーナカーを訪れていることに気がついた。期待は一気に高まった。

ドアは厚い毛布のようなもので覆われ、中に入ると広い土間があった。土間の奥はまるで小さな舞台のようになっていた。決して明るいとは言えない光がその舞台を照らしていた。舞台の右端には胸まで垂れ下がった長いひげを伸ばした小柄な痩せた老人が座っていた。老人は白い服をまとい、くつろいだ様子で、小さな座椅子のようなものに座っていた。老人の横には引き出しの付いた座机があった。老人のかたわらには世話をする人物がお茶を注いでいた。舞台の左側には別の二人の中年男性が座っていた。一見すると一幕物が舞台の上で演じられているようであった。

部屋に入ると、案内してくれた若者が、その老人に対し礼をしながら、私たちに老師であると紹介した。老師は男性たちとの会話をやめ、手に数珠をいじりながら、にこやかな顔で迎えてくれた。まるで、私たちが訪問するのをすでに知っていたかのようであった。先ほどの案内人の現れ方といい、奇妙で不思議な感覚を覚えた。

　私たち三人は老師の前に立った。老師はわれわれに笑顔を見せながら、「何をお望みかな」と、優しい声で語りかけた。同行していた運転手はわれわれの顔を横目で見ながら、われ先にとばかりに、「老師様、私の頭痛と家内の病気を治してほしいのです」と訴えた。老師はにこにこしながら、ペンと小さなメモ用紙を取り上げ、そこに何かを書きつけた。終わると、その紙を折りたたんだ。そばにあった座机の引き出しを開け、薬草のようなものを取り出した。老師は「これを煮出して、その煮出し汁を飲ませたらよろしい」と、服用方法を説明した。運転手は喜びを体いっぱいに表して、何度もお礼を述べた。その紙片と薬草を手にすると、老師に謝礼を置いて、後ずさりしながら、何度もお礼を言って部屋から出ていった。

　残るは私たちだけとなった。老師の前に出ると、老師はにこにこしながら「どうしたのかね。若い人たち」と声をかけた。「彼のように身体でも悪いのかね」と、まるで私たちをからかわんばかりに、親しげに話しかけてきた。私は一瞬、この老師はわれわれが訪問した理由をすでに知っているのではないかとの錯覚にとらわれた。

　友人が「ムジャーヒディーンはソ連軍を祖国アフガニスタンから追い出すことに成功しました。ただ、その原因をつくった張本人である社会主義政権を倒すことができません。いつになったら彼らを追い出し、平和を取り戻せるのでしょうか」と尋ねた。老師はその質問をにこにこしながら聞いた。その後、私を見て、「そちらの若い人の質問は何かね」と尋ねた。私は老師に同じ質問ですと答えた。「ほう」とつぶやくと、老師は私たちの顔をのぞき込んでこう言った。「紛争は終わらないね。二年先か、三年先か、それとも五年先かな。心がけ次第だね」。アフガニスタンの社会主義政権が崩壊するという答えを期待していた私は、その言葉に正直がっかりした。「えーっ！」という顔で呆然として立っている二人に、老師はにこにこしているだけであった。

私は少なくとも、カーブルの政権は追い詰められている、政権崩壊までそんなにかかることはない、といった答えが出てくることを期待していた。ここまで来た長い道のりのわりには得るものが少なすぎたと落胆した。お布施を置いて出ていこうとすると、老師は相変わらずにこにこしながら、「お布施はいらない。持って帰りなさい」と言った。友人は私の顔を見てどうしたらいいかと尋ねた。私は置いていくべきだと伝えた。再び友人が老師の膝元にお布施を置こうとした。そのとき、お側付きの人が「老師の言ったとおりにしなさい」と強い口調で言った。われわれはお布施を置かずに、運転手が退出していった作法どおり、後ずさりしながらその部屋を出た。

私はどうしても老師の回答に納得がいかなかった。「どういうことなんだ」と、いら立ちを隠さず友人に尋ねた。彼はしきりに考え込んでいる様子だった。ようやく自分の言葉を選ぶように、慎重に「老師の言った意味をよく考えてみる必要がある」と答えた。私は「これだけ多くのムジャーヒディーンが犠牲を払っている。この悲劇を招いた犯罪者たちを裁くことができないというのは理解できない。君は老師の言った意味を理解できるかね。老師は宗教者でありながら、民の苦しみを理解できないのだろうか」と、ほとんど暴言とも言えるような言葉を彼にぶつけていた。友人は穏やかに「何か深い意味があるのだろう。早急に結論を出すべきではない」と、まるで自分自身を諭すようにつぶやいた。暑いせいもあったのかもしれない。私は、「老師が何を言おうとしているのかよく理解できない。アフガン民衆は十分に苦難と荊棘の道を歩んできたではないか。なぜ、終わらないと言えるのか」と、友人に不満をぶちまけた。そんな私たちを見た運転手が、ここにいますと手を振ってくれた。二人はその方向に歩いていった。

すると、突然、私たちを呼び止める声が聞こえた。振り向くと、必死に走ってくる一人の少年の姿が見えた。少年は私たちに追いつくと、「何度もお呼びしたのですが、気づかれなかったようですね」と言いながら、「老師様があなたたちに食事を差し上げたいと言っております。こちらにお越しください」と述べた。明らかにその少年はこのハーナカーで修行に励む「ムリッド」と呼ばれる弟子であった。私たちは奇妙なことを言う少年だと思いながら、互いに顔を見合わせた。その少年に、「何かの間違いでしょう。われわれではありませんよ」と伝えた。少年は「いや、間違いなくあなたたちです」と答えた。友人は苦笑いしながら、「違う、違う、君の勘違いさ。われわれではない。だいたい、食事に招待される理由がない」と言って私を見た。私が友人に「この少年は間違いなく勘違いしている」と言うと、友人は再びその少年に「本当に老師はわれわれを招待したのか」と訊いた。少年は「とにかく、こちらに来てください」と強引に連れていこうとした。その有無を言わせぬ対応に驚きながら、私は友人に、帰宅する時間が遅くなるので断って立ち去ろうと述べた。友人も、たしかにこれから三時間も走ると帰宅がかなり遅くなる、夜間の運転は可能な限り避けるべきだと述べた。帰宅するにはこれから数時間かかるので遠慮したい旨を告げたが、少年は私たちの説明に納得しなかった。そして、友人の手を引っ張って連れていこうとした。われわれは困惑して立ち往生してしまった。友人は考え込む様子を見せながら、「遊行僧の修行道場であるハーナカーにあるものはすべて喜捨されたものである。寺院に喜捨された物をさらにしもじものわれわれに下されるのを拒否するのは、たいへん失礼なことかもしれない。ここはひとつ失礼にならないよう、お茶だけでもいただいていくことにしてはどうか」と妥協案を出した。私はなるほど一理あると思い、承諾した。友人が「それではお茶だけいただくことにしたい」と少年に伝えた。それを聞いた少年はようやく安堵したようだった。運転手を含む私たち三人は少年に連れられて、再び広場を横切って、別棟の一室に通された。

照りつける暑さに生き物すら影を潜めていると思っていたが、そこは客人に食事を出す部屋らしく、きれいに整頓されていた。ただし、運び込まれるお茶の砂糖菓子にたくさんのハエがたかっているのには閉口した。驚いている私に、少年はハエを優しく追い払いながら、再び食事を出すと言い張った。友人は少年に、「お志はたいへんありがたくお受けする。このような心のこもった歓待に深く感謝しますと老師にお伝えください」と頼んだ。時間が迫っているのでお茶だけ飲んで帰ろうとする私たちに、彼は付きっきりで接待した。ほかの少年たちを督促し、お茶を運ばせた。そうこうするうちに、自ら皿に盛ったプロフと呼ばれるお米の料理を持ってきた。彼はどうしても食べてほしい、食べてくれないと老師に叱責されると懇願した。私たちは仕方なく、スプーンにプロフを一さじ盛って口に運んだ。

ミルクがたっぷり入ったミルクティーを飲みながら、運転手に、先ほど老師からもらった紙切れは何かと尋ねた。彼は懐からその小さな紙を大事そうに取り出して友人に渡した。友人はその紙切れを私に見せながら、これはタウィーズと言われる護符であると教えてくれた。老師が彼の願いがかなうように、この紙に聖典クルアーンやハディース（預言者ムハンマッドの言行録）といった聖なるイスラームの書に書かれてある一節をしたためたものであると語った。

こうして老師の歓待からようやく解放されたわれわれは帰途につくことができた。老師から納得のいくような回答が得られなかったこともあり帰途についても心弾まず、帰りの車の中は重苦しい雰囲気となった。一人、運転手のみが、尋ねてもいないのに「老師からいただいた護符をすぐに首にぶら下げた」と私たちに報告した。さらに、「最近女房の体調がすぐれず心配していたが、自宅に戻ったら、さっそくこの薬を煎じて女房に飲ませる」と、妙に明るい声で語った。往路の際の寡黙な態度は消え失せ、妙に朗らかになった運転手の態度と饒舌さに驚きながら、私たちは顔を見合わせて苦笑いした。

鼻歌まで歌い出した運転手の明るさとは裏腹に、「紛争は終わらないね。二年先か、三年先か、それとも五年先かな。心がけ次第だね」という老師の言葉が、私の心の中で鐘の音のようにいつまでも響き続けた。

内戦――根なし草たちの権力闘争

ソ連軍侵攻によって政権を奪取したカールマル大統領は国連の和平調停が進むにつれ、政権はドクター・ナジィブッラーに継いだ。ドクター・ナジィブッラーはかつて私に議論をふっかけた人物である。彼はカールマル大統領のもとで「ハッド」と呼ばれる秘密情報庁長官となっていた。彼と議論した際に私に助け舟を出してくれた友人は、危機一髪で逮捕を免れた。祖国アフガニスタンを逃れ、当時の西ドイツに政治亡命した。

ソ連軍が撤退して三年以上経っても、ムジャーヒディーン勢力は人民民主党政権を倒すことはできなかった。老師のお告げからすでに二年が経過していた。

一九九二年一月、米ソはアフガニスタンに対する武器供与停止条約に署名した。紛争当事者である人民民主党政権とムジャーヒディーン勢力への武器供与を停止したのである。同年四月、人民民主党政権は政権内部の権力闘争によって内部から崩壊した。崩壊後、ムジャーヒディーン各派は大同団結してカーブルに新たな政権を樹立した。それもつかの間、ムジャーヒディーン勢力は激しい権力争いを始めた。五月には大統領のポストをめぐって闘争が激化した。

とくにムスリム同胞団の流れを汲むラバニー元教授が率いるイスラーム協会と、同じ同胞団系のヘクマティヤール率いるイスラーム党の勢力争いは、アフガニスタンをさらに激しい内戦のどん底に突き落とした。

この同胞団系の人びとはイスラームの近代化を声高に主張し、イスラームを現代にマッチさせることによって、イスラーム国家の近代化を進め、欧米に負けない国家をつくることができると主張していた。彼らの多くが大学でイスラームを学んだ知識人で、草の根の民衆からはかけ離れた存在であった。そのため、伝統的なイスラーム神秘主義教団や、シーア派が有するハーナカーが全国各地にあるわけではなかった。彼らは王政、共和制時代も民衆と交わることなく、イスラームが有する古い因習・慣習の廃止を呼びかけていた。イスラームの教えは、聖者廟に対する礼拝や、タウィーズといった護符を禁じている、と主張した。その結果、イスラームの伝統的な教えに立つ人びととも対立することとなった。当然、伝統的なイスラームを基盤とする王政に対しても批判的で、ザヒール国王の復帰には反対を唱えていた。

ところが、イスラーム協会とイスラーム党は同じムスリム同胞団の主義主張を奉じ、同じ政治改革を主張しながら、個人的な嫌悪感や欲望、出身部族の違いから権力闘争を繰り広げた。とくにその傾向は、パキスタンに逃れ、ムジャーヒディーンとして反政府活動を本格的に開始していくにつれ、ますます強くなっていった。その理由は、パキスタン政府をはじめとする西側諸国や援助機関からいかに多くの支援を引き出すかが最大の関心事であったからにほかならない。なぜなら、支援の増加は自分たちの勢力拡大に直結し、権力の増大につながっていたからである。

私がパキスタンの日本大使館に勤務していた折、昼夜を分かたず多くのムジャーヒディーン野戦指揮官が来訪した。彼らの要求はただ一つ「支援が欲しい」であった。

ある日、友人の一人で元軍人が大使館を訪ねてきた。珍しく一人である。「極秘の話で、非常に大事な話がある。どうしても協力してくれ」と言う。私は重要な機密情報を教えてくれるのかなと期待した。彼は、誰にも話さないでくれと念を押したうえで、米国大使館によるムジャーヒディーンへの食糧支援プログラムについて説明した。当初は何を言っているのか理解できなかった。「これは君にとっても重要な話なので、真剣に聞いてくれ」と重ねて言った。要するに、米国大使館が実施しているアフガニスタン向けの食糧支援プログラムに応募するので推薦してほしい、ということであった。

私は「この食糧支援プログラムは誰が裨益するのか」と尋ねた。彼はムジャーヒディーンへの支援であると述べた。「ムジャーヒディーン各派はこの支援を受け取り、自派のムジャーヒディーン兵士や、難民となっているその家族へ配給する」という。さらに「さるムジャーヒディーン組織が数千トンの小麦を米国大使館に申請する。ついては推薦人が必要なので、ぜひ私に推薦人になってほしい」と言った。どの組織かと尋ねると、彼は、これから設立する組織だと答えた。おかしいと感じた私は、しつこく質問した。すると彼はニヤッと笑いながら、「組織はでっち上げる」と答えた。入手した小麦はどうするのかと訊いた。私は当然、難民に無料で配布するという答えが返ってくると想像していた。ところが、「小麦を入手した暁には、バザール（市場）に売りさばく」という。「もちろん、推薦してくれた君には、売り上げの三分の一を取り分として渡す。この取引ではどうだろう。推薦するだけでいいのだから、そちらは何の苦労もなく金が手に入る。そのうえ、さらに何度か支援を獲得できれば、われわれは金持ちになれる」と、真剣な顔をして述べた。私は即座に拒否した。ところが彼は、拒否した理由が利益の配分に不満があると勘違いしたらしい。そこで、「三分の二の取り分ではどうだ」と言ってきた。まるで、絨毯屋で値引きの交渉をしているような感覚である。いささかあきれ返っていると、彼は「なぜ推薦してくれないのか」と訝しげに訊いた。私は「こんな不正に手を貸すわけにはいかない」と返事をした。彼は、そこで意外なことを述べた。「誰でもやっているのに、なぜ君は友人のおれを助けてくれないのだ。おれの友人だろう」と、私を非難し始めた。私は「君たちムジャーヒディーンの戦いは聖戦ではないのか。祖国を奪還するための戦いではないのか。日本や西側諸国はムジャーヒディーンの個人的な欲望を満たすために支援をしているのではない」と怒った。彼は怒った私に不満そうに「誰でもやっているのに」と再びつぶやいた。私にとってこの事件は、援助の実態について目を覚まさせるきっかけとなったのである。

このような私利私欲に走ったムジャーヒディーンの支援獲得競争に加え、パキスタン、イランおよびアラブ諸国による政治的思惑が、ムジャーヒディーンの祖国奪還という目的を大きく逸脱させていくことになったのではないか。とくにパキスタン軍部は、米国やサウジアラビアからの支援の多くをヘクマティヤール党首が率いるイスラーム党へ渡した。そのため、ムジャーヒディーン各派の権力闘争はより激しいものとなった。もちろん、仲間割れを起こし、権力闘争や支援の分配に狂奔したムジャーヒディーンの指導者たちに大きな責任があることは間違いない。祖国解放の戦いを通じて権力が身近なものになるにつれ、その初志は徐々に変節していった。とくに権力奪取が目前に迫ったナジィブッラー人民民主党政権崩壊の前後から、各派間の対立は激しさを増した。この権力争いにアラブのムスリム同胞団関係者は、アフガン人は高邁な思想より部族主義や権力欲に凝り固まった偏狭な人たちである、としてさじを投げた。内戦が引き起こされ、その悲惨な暗黒の世界が、ターリバーンの誕生の下地をつくることになっていった。

老師の怒りと哀しみ

ムジャーヒディーン政権樹立後の混乱と内戦に、その悲惨な情景を見た私はまったく混乱してしまった。人民民主党政権が崩壊すれば、アフガニスタンに再び平和が戻り、人びとは貧しくとも落ち着いた生活を取り戻すことができる、と確信していたからだ。この内戦は私にとって、予想外とも言える出来事であった。どこで、ボタンのかけ違いが起きたのだろう。私にはどうして、いつから、イスラームの聖戦が個人的な欲望の戦いに変質したのか見当がつかなかった。

このときにふと思い出したのが、以前、教えを乞うた山林の老僧であった。私はさっそく友人に連絡して一緒に行ってくれるように頼んだ。その彼も私と同様に悩んでいたこともあり、即座に同意してくれた。

前回同行した運転手も喜んでついてくることになった。前回の訪問の際、老僧のお祈りと、護符の効能が効いたらしく、彼は周りの人たちにその御利益を吹聴した。そのため、同行をせがむ希望者が増えて友人はたいへん困ったようであった。結局、友人の知り合いで鍾馗《しょうき》様のようなひげを生やした、二メートルもあるかと思われる巨漢の野戦指揮官と、もう一人はアミン・ワルダック野戦指揮官事務所で事務処理を行っている温厚で実直そうな人物が同行することになった。一九九三年夏であった。

ようやく到着した遊行僧のハーナカー――。今回も山門をくぐって大きな広場にランドクルーザーを乗り入れた。前回はほとんど人気《ひとけ》がなく、静寂に包まれていた。今回は建物にも人の出入りが見え、広場にも人の行き来があった。私と友人は老師と面談した建物を探した。すると、誰かが老師はあちらにいると教えてくれた。

その建物の一室に入ったところ、部屋には一〇〇名ほどの男性がぎゅう詰めの状態で押し合いへし合いしていた。何が起きているのか理解できず、ただ唖然としていると、後ろから来る人たちに押されて部屋に入った。まるで山手線のラッシュアワーを思い出すほどの混みようだった。友人はさらに前に進もうとみんなを促した。私も一緒になって少しずつ前へ前へと進んだ。私は友人と離れると困ると思い、彼にくっついて少しずつ前に進んでいった。気がつくと一緒に来た別のメンバーの姿は見えなくなっていた。大きな体をした男たちのなかで、前も後ろもまったく見えなかった。それどころか、むっとする人いきれと、体臭と汗のにおいには気持ちが悪くなりそうになった。そのとき、なぜこんなに多くの人たちが前に進もうとしているのか、前に何があるのかも理解していなかった。

突然、「ギャーッ」と叫ぶ声が聞こえた。何が起きたのかわからず、声のした方に顔を向けた。一人の男が両手を天井に向けて突き出し、叫んでいた。その男性の上体は人びとから浮き上がっていた。すると周りの人びとは彼の体を頭の上に担ぎ上げた。男の体は硬直していた。人びとは彼の硬直した体を頭上で受け渡ししながら、この部屋から出そうとしていた。私は何が起きたのか理解できず、友人の顔を見た。彼も頭を横に振って、わからないと言った。そうしているうちに、今度はまた別の方から「ギャーッ」という声が聞こえた。まるで気でも触れたかのようであった。その彼もまた先ほどと同じように、外に出されようとしていた。ところが、部屋の入口には中に入ろうとする人びとが大勢詰めかけて、大変な騒ぎとなっていた。押し合い圧し合いする人びとで部屋の熱気は異常な高まりを見せ、体は汗だくとなった。それにもかかわらず、誰も言葉を発する人はいなかった。その暑さと汗臭さに窒息しそうであった。

ふと気がつくと、一緒に来た野戦指揮官が部屋の出口に向かって必死に出ていこうとするのが見えた。彼も私に気がついた。なぜか彼のこれまでの自信に満ちた態度は消え失せていた。大きな体を縮め、おびえるような様子であった。彼は人波をかき分けて、外に出ようとしていた。身振り手振りで、どうしたのかと彼に尋ねた。彼は外を指した。あとはわき目もふらず必死に人混みをかき分けて出ていった。野戦指揮官の様子を見ていた友人にどうしたのかと訊いた。友人はわからないと答えた。実際、彼も何が起きたのか理解できない様子であった。

ほかの連中はどうしたのかと辺りを見渡すと、数人先に運転手がいるのが確認できた。運転手はようやく老師が座る近くまで進むことができたようであった。今回、老師と会った部屋は前回のときと同じように、三分の二が土間で、残りの三分の一は舞台のように設えてあった。その床には絨毯が敷かれていた。部屋の右端には相変わらず、小柄で痩せた老師が安楽椅子に座っていた。老師はイスラームの象徴的な色である緑色の服で体を覆っていた。大きな帽子をかぶり、真っ白な顎ひげを胸まで垂らしていた。天井には照明がぶら下がり、小さな芝居小屋のステージのように、老師の周囲は明るく照らされていた。さらに前回と同じく、ステージには老師に仕える幾人かの弟子たちと、ステージの左側には客と思える数人の男たちの姿があった。

老師がどこにいるのかわかった私たちは、もうひと頑張りとばかりに、老師の前に出るために再び人混みをかき分けて前に進んだ。懸命に前に進みながら老師を見ると、老師が弟子に耳打ちしているのが見えた。するとその弟子は私たちがいる土間に降りて、人混みをかき分けながら私たちのところにやってきた。驚いたことにその弟子は、私たち二人に向かって、老師が呼んでいるので急いで前に来るようにと言った。多くの人びとのなかからどのようにして私たちを確認できたのか、なぜ私たちが呼び出されたのかまるで見当がつかず、友人と顔を見合わせた。どう見ても、老師は私たちが来るのをすでに知っていたとしか思えなかった。弟子が私たちを先導し、人びとは道を開けてくれた。

私たちが老師の前に進むと、老師は手首を上下に振って人びとに座るよう指示した。われわれも老師の前の土間に座った。老師は相変わらずやせ細った体と、柔和な目をしていた。友人に何をお望みかと訊いた。友人はアフガニスタンの内戦はいつ終わるのかと訊いた。その質問を聞いた老師の顔は、突然怒りの形相に変わった。その両目は大きく見開かれ、すべてを貫き通さんばかりのまなざしで今度は私を睨みつけた。「おまえが訊きたいことは何だ」と尋ねた。老師の言っていることがよく聞き取れなかった私は一瞬たじろいだ。前回訪問したときの対応とはまったく異なっていた。友人が私に質問を促してくれた。ようやく「友人と同じ質問です。なぜ内戦は終わらないのですか」と尋ねた。老師は恐ろしい形相で私たち二人を睨みつけた。「終わらない。戦いはずーっと続くであろう」と吐き捨てるように言った。私たちは老師の次の言葉を待った。老師はわれわれを睨みつけたまま一息つくと、こう述べた。「ムジャーヒディーンがソ連に勝利したのは、神が妖精を遣わし勝利に導いたからじゃ。世界最強のソ連軍に勝利したのは神のご加護があったからじゃ。それにもかかわらずムジャーヒディーンは神の御心を踏みにじって権力闘争に走った。神はこの所業を許さない。内戦に明け暮れるアフガニスタンの人びとを決して許すことはない。内戦はやむことはない。続くであろう」

予想もしなかった老師の言葉に、私は思わず「えっ!」という驚きの声を発した。私たちは互いの顔を見合わせた。老師は恐ろしい顔でまだ私たちを睨んでいた。老師の薄い唇は固く横一文字に結ばれ、話が終わったことを示していた。私は、友人に帰ろうと言った。私たちはその恐ろしい眼光から逃れようと、老師に小声で感謝の言葉を述べた。友人は老師の前に喜捨を置いたが、老師は私たちの喜捨を見ようともしなかった。大きく見開かれた怒った目を私たちに向けたまま、膝の上に置いた右手を前後に動かした。それは喜捨を持ち帰れという手振りであった。私も友人もその場を早く立ち去りたかった。老師の指図を無視して帰ろうとした。そばで老師と私たちの成り行きを見ていた弟子が、素早くその喜捨を老師の前から取って、友人のポケットに押し込んだ。私たちは出ていくためにのろのろと立ち上がろうとした。ところが老師は再び膝に置いた手を上下に振って、座るように促した。私たちを引き留めたのである。座ったのを見た老師は、かたわらにある小机の引き出しから紙を取り出して何かをしたためた。老師は私たちのために護符を作ってくれたのである。その護符に小さな岩塩の塊を添えて私たちに渡した。「持っていきなさい」と言った。私たちは何度もお礼を言いながら、人波をかき分けてその場を後にした。老師の「内戦はやまない」という言葉が頭の中を駆け巡っていた。外に出ると、午後の暑い太陽が広場を照らしていた。

そのとき、老師がなぜ私たちに塩を贈ってくれたのか、その意味を友人に訊いてみることもしなかった。それほど老師の言葉に衝撃を受けたのである。その後二〇年以上経って、贈られた塩の意味を曹洞宗の禅師に教えていただく幸運に恵まれた。「塩は人間にとってなくてはならないものです。つまり、守るという意味にも通じるのです。ご存知でしたか？」と教えられた。この話を同行した友人に伝えると、あのときのことを思い出して「老師の言葉は正しかった」と言った。さらに、塩についての禅宗の解釈は遊行僧の考え方とまったく同じだと教えてくれた。彼は私に「兄弟は塩の意味を知らなかったのか」と言いながら、茶目っ気たっぷりに「ところで、兄弟はあの塩を持っているかい？」と尋ねた。私はそんな理由を知っていたら大事に取っておいたのにと残念がった。彼は、「おれはしっかり保管してある」と、まるで子供が自慢するかのように言って笑った。

運転手はすでに外に出て私たちを待っていた。ほかの二人が見えないのでどこにいるか尋ねると、あそこにいると言って数十メートル先を指さした。たしかに野戦指揮官の大柄な姿が見えた。近づくと妙にそわそわした様子で尋常ではない。尋ねてみても、何でもないと答えるだけであった。もう一人の所在を尋ねると、あの車のそばにいると教えてくれた。彼は一台のランドクルーザーのそばに頭を抱えるようにしてしゃがみ込んでいた。不審に思って近づこうとしたところ、近寄ってきた運転手が、彼は気が触れたようだと教えてくれた。そのとき初めて、老師がいる部屋で「ギャーッ」と喚き声を上げて追い出されたのが彼であることを知った。友人に彼らはどうしてこうなったのかと尋ねた。友人は、「強力な力を有する聖者と呼ばれるスーフィー（遊行僧）の前に出ると、信仰心のない人や偽善者はその強力な力を浴びて気が触れる」と言われている、と教えてくれた。友人は気が触れてしまったという彼に帰宅しようと声をかけた。車が駐車してある駐車場に四人で向かった。歩きながら、ふと、前回この辺りで少年に声をかけられ、食事の招待だと言われたことを思い出した。今回はそんなことはないだろうと考えながら歩いた。ちょうどそのとき、少年が私たちの方に走り寄ってくるのが見えた。その少年は前回と同じく「老師様が食事を差し上げなさいと言っているので、こちらに来てください」と強引にわれわれを引っ張っていこうとした。私はやっぱりと思いながら友人の顔を見ると、彼も驚いた顔を見せていた。友人は少年に、帰路を急ぐので遠慮させてくださいと断った。またしても、少年は老師様の指示なので困ると言って、強引に私たちを引っ張っていこうとした。私は、仕方がないのでお茶だけいただいて帰ろうと友人に囁いた。友人はうなずきながら、それがいちばんいい方法だよと言って、私たちは少年の後についてお茶をご馳走になった。

前回の訪問と違って、「内戦はやまない」と、恐ろしい形相で私たちを睨みつけた老師の言葉が、心に重くのしかかっていた。帰途は運転手だけが楽しげに鼻歌を歌っていた。

その後、ハーナカー（修行道場）に行った三人の息災を友人に尋ねた。野戦指揮官事務所に勤める温厚な人物はその後、何度か精神科病院に通院した。異常をきたしたまま完治することなく、事務所に出てこなくなった。また、いつも偉そうにしていた巨漢の野戦指揮官はいつの間にか消息不明となった。運転手は相変わらず元気に過ごしていると教えてくれた。

かなり長い期間、内戦は「終わらない。ずーっと続くであろう」と言った老師の言葉が思い出された。この言葉から老師のムジャーヒディーンに対する怒りを十分に理解することができた。同じイスラームを信仰し、ムジャーヒディーンと呼ばれるイスラーム聖戦士たちが権力の亡者へ変節したことは、殉教者たちへの裏切りであった。それは冒瀆以外の何物でもなかった。許せなかったに違いない。悲しかったのであろう。怒りで大きく開かれたあの目の奥には、亡くなった者たちへの悲しみと権力欲に狂奔する亡者たちへの憐れみが見て取れた。それでも私にとっての最大の疑問は、何ゆえに内戦が「ずーっと続く」と断言したのかであった。「ずーっと続く」と断言するからには何らかの理由があって然るべきである。私には内戦がこのまま継続するとはどうしても考えられなかった。あのとき、老師の恐ろしい目つきに震え上がり、その理由を問うことができなかったことを悔やんだ。友人もまた同じように悩んでいたことをだいぶ後になって知った。

この老師の言った意味に気がついたのは、ある宗教家との出会いによってであった。すでに一〇年以上が経っていた。彼の父親はハリファの称号を有する著名な教父であり、アフガン南部のカンダハール市でハーナカーを主宰していた。しかし、一九七八年の軍事クーデター後、人民民主党政権の宗教弾圧により投獄され、そのまま行方知れずとなった。彼はその当時、年端もいかない幼子であったため、多くを記憶していない。突然、父親がいなくなり、たいへん悲しかったことを覚えていると語った。その後の自身の経験を含めて、宗教家の家に生まれた苦難の道を語ってくれた。彼は父親がいかに著名で有能なイスラーム導師であったか、米国人も父に弟子入りしたほどだったと語った。自身も遊行僧であるスーフィーの道に入った。修行の甲斐あって、父親と同様に教主からカンダハールのハーナカーの教父に任命された。彼は、父と同じ道に精進していることを誇りに思っていると、笑みを浮かべて語ってくれた。

彼は人民民主党政権時代の宗教弾圧に触れ、アフガニスタンに張り巡らされた教団のハーナカーはことごとく廃墟と化し、教父や遊行僧、ムリッドと呼ばれる弟子たちも投獄、処刑、あるいは行方不明となり、その数は数百名にもおよんだと教えてくれた。そのため、アフガニスタンの遊行僧は国外に逃亡した。この残虐行為によってアフガニスタンに暗黒の日が訪れることになったと語った。

その後、この遊行僧からパキスタンのクエッタにある自宅に招かれる光栄に恵まれた。そこで私は、以前にカーブルのレストランで出会い、レストランのボーイたちから「ただ飯喰い」、あるいは「穀潰し」とさげすまれていた遊行僧とは異なる、このアフガン社会に生きる遊行僧の本当の役割を垣間見ることとなった。

彼の自宅はアフガニスタンにおける通常の家屋と何ら変わらない大きな中庭のある家だった。その敷地には来客用の別棟が立っており、その一室に通された。二〇畳近くあるその部屋で茶菓や昼食の歓待を受けた。しばらくすると、ドアがたたかれ、友人である遊行僧に客が訪れた旨が知らされた。友人は出ていくとその客を連れて戻ってきた。弟子が突然訪問してきたので同席を許してほしいと言って、その弟子を招き入れた。弟子と言ってもかなり年配の、初老に近い人物であった。病気にでもかかっているのか弱々しい声で挨拶し、歩くのもままならない様子であった。私に遠慮するかのように、部屋の隅で二人で話を始めた。その弟子は大きな袋を抱えており、その中から胸部を撮影したレントゲン写真を取り出した。その写真を私の友人に渡して、よく見てほしいと頼んだ。友人は弟子とパシュトー語で会話していたため、パシュトー語を解さない私には会話の内容を正確に把握することはできなかった。友人はそのレントゲン写真を見ながらいろいろと説明し、弟子も神妙に彼の説明を聞いていた。その後、友人はおもむろに紙片を取り出し、聖典クルアーンの一節を書き、それを小さく丸めて弟子に渡した。弟子はその紙片を大事そうに、首から紐でぶら下げた布袋の中にしまい込んだ。その光景を見て私はあまりのばかばかしさにあきれてしまった。医者でもない友人は、レントゲン写真の見方などまったく知らないはずである。これは詐欺にも等しい行為だなと思って見ていた私に、友人が「こっちに来てくれ」と声をかけた。そばに行くと、そのレントゲン写真を見せ、私に何かわかるかと尋ねた。骨折や骨のヒビくらいなら見分けられるので子細に見てみたが、そのような痕跡を認めることはできなかった。わからないと言って写真を返すと、彼は私に丁寧に感謝の言葉を述べ、再び老齢の弟子に優しく語りかけた。私は元の席に戻り、冷めてしまったお茶をすすりながら時折彼らを見ると、友人は弟子の背中をさすって、労わるように優しく語りかけていた。しばらくすると、友人が私に「タカハシ、見てごらん」と言った。友人は呪文のような言葉を弟子に投げかけた。その途端、弟子は体をくねらせながら動物のような叫び声を上げげた。先ほどまで病人のようだった老人が、魔術にでもかけられたかのように奇声を上げ、部屋の中を跳びはねた。何が起きているのか理解できず驚いた。それでも、キツネ憑《つ》きと同じ現象かなと考えていると、友人は再び呪文を弟子に投げた。すると、それまで大騒ぎしていた弟子はぴたっと動きを止め、何が起きたのかわからないといった顔をして部屋の真ん中に突っ立っていた。それはほんのわずかな間の出来事であった。あれほど弱々しかった初老の弟子は、部屋に入ってきたときとは見違えるほど元気になっていた。友人にたくさんの礼を述べて出ていった。

　当初、これがいったい何を意味するのか私には理解できなかった。逆に、友人が弟子を騙しているように思えて腹が立ってきた。弟子を見送って戻ってきた友人は隣に座ると、内心腹を立てている私に、「人びとの悩みは何でも聞いてやらないとね」とにこにこしながら言った。「レントゲン写真が理解できるとは知らなかった」と嫌味のつもりで言ったところ、彼は再び笑みを浮かべながら、「もちろん、わからない。そこで、日本から来たお客さんにも見てもらったわけです」と述べた。彼の詐欺の片棒を担がされたように感じた私は、いささかムッとして「医者でもない私にレントゲン写真を見せても何の役にも立ちませんよ」と答えた。友人は「いや、そうではない。あなたが彼のレントゲン写真を見てくれたことが重要なのです。それだけで弟子の心は休まるのです。あらためてあなたに感謝します。なぜなら、彼らには心のケアが必要だからです」

　このとき、友人の言っている意味を素直に理解することはできなかった。逆に腹立たしく思えるだけであった。よく考えてみると、日本や欧米諸国には心の悩みを聞いてくれる心療内科や精神神経科がある。しかし、とくに心のケアがいちばん必要な開発途上国や紛争国の人びとには、そうした医療は皆無と言える。この出来事から、この国の遊行僧は、疲れ果てて心に病を抱える民衆に寄り添う存在であることに初めて思い至った。

そのときあらためて、一九七八年の軍事クーデター以前のアフガン民衆と、イスラームの密接な関係を思い出した。日本の仏教寺院と同様に、アフガニスタンには全国いたるところにモスクと呼ばれるイスラーム寺院がある。モスクには「マドラサ」と言われるイスラーム神学校を併設したところもある。私はカーブル大学に留学していた当時、大学の勉強が一段落した三年生の冬休みからマドラサに通った。イスラームの手ほどきを受けるためであった。週一回マドラサに通ってイスラーム僧侶からお祈りの作法と聖典クルアーンを習った。友人から紹介されたそのシーア派の小さなマドラサにはモスクが併設されていた。一日五回の集団礼拝に通う老若男女のみならず、小さな子供たちも親に手を引かれてやってきた。お祈りやクルアーンの読誦、習字の手習い、礼儀作法の習得のために通っていた。それは江戸時代の寺子屋を想像させるものであった。

そこには、声高に叫んだり、大きな声で議論する人たちはいない。静かに神に祈りを捧げ、日々の悩みを僧侶に相談する静謐の場でもあった。金曜日のモスクにおける集団礼拝が終わると、導師に悩みを聞いてもらい、護符をもらう人びとがいた。手習いに訪れた幼き子供たちはモスクの床に座って、身体を揺すりながら聖典クルアーンを暗唱する。また、別の子供たちは竹筆を使ってアラビア文字の習得に余念がない。その日の課題が終了すると子供たちは導師に挨拶して帰宅する。ときには親から渡された食料の包みが入った心付けを導師に渡す子供の姿を見ることもあった。イスラームという宗教がこの国の人びとの冠婚葬祭に欠くことのできない重要なものであることを肌身に感じた。暮らしの中に、イスラームがしっかりと根づいている情景を見ることができた。

私も導師からいただいた礼法書と聖典クルアーンの読み方の教授を受けたのち、心付けを置いて退席した。このマドラサでイスラームの勉強をする便宜を図ってくれた友人から、多寡は問わない、心付けを紙に包んで導師にそっと手渡すのが礼儀作法であると教えられたからである。

こうして始まった私の週一回の聖典クルアーンの勉強は、開始して一カ月が過ぎた頃、軍事クーデターによって中止を余儀なくされた。その日もいつもと同じようにマドラサを訪れてドアをたたいた。誰も出てこない。いつもは弟子が出てきて開けてくれるのだが、返事がない。まるで人の気配が感じられない。しばらく待っていると、一度も見たことのない人物が出てきた。彼は「ここに来てはいけない。すぐ立ち去るように」と述べた。私は聖典クルアーンの勉強のために導師を訪ねて来たと伝えた。彼は「あなたのことは導師から聞いている。導師はここが危険になったので立ち去った。ここには誰もいない。早く立ち去るように」と促した。私は慌てて導師の安否を尋ねた。「導師は無事である。心配しないように伝えなさいと伝言を預かった」と述べた。災難が降りかからないように、誰にも見られないうちに速やかにここから立ち去るようにと警告の言葉を述べて扉を閉じた。

まるで長い旅路の末にたどり着いたかのように、遊行僧である友人と留学時代のアフガニスタンを思い出した。同時に、老師の内戦は「終わらない。ずーっと続くであろう」といった謎めいた言葉に思い至った。それまで老師の「ずーっと続く」理由はムジャーヒディーンの権力闘争に対する怒りの言葉を表したものであると理解していた。実はそうではなく、人民民主党政権がその暴虐によって遊行僧を含む伝統的なイスラーム宗教界を破壊したことが原因であることに気づいた。アフガン民衆の精神的な支えとして日々の冠婚葬祭を司り、人びとのよき相談相手であった遊行僧たちの突然の消滅、あるいは物理的排除が社会に大きな変動をもたらした。

言葉を換えれば、長い時間をかけて人びとの営為と努力の積み重ねによって、その社会システムはつくり上げられていく。一度喪失した社会システムの構築は容易ではない。戦争によってずたずたにされた村々や地方の町、都会の人びとが生活していくための社会のネットワークの再構築の重要さに気がついた。長い戦いにより荒んでしまった民衆の心を癒すこと――これがアフガン社会の復活と復興の最重要課題であった。難民として外国で生活していた人びとが帰還難民として故国に戻ったとき、日々の生活を営む上で何を必要としているか。もちろん、さまざまな生活物資であり、生活環境の整備であることは言を俟《ま》たない。それと同等に、帰還する人びとに必要で重要なのは、精神の安寧であり、心に灯す未来への希望である。そのことに気づかず、権力争奪の戦いに明け暮れるムジャーヒディーンの姿は、イスラームからはほど遠いものであった。老師には戦いが「ずーっと続く」ことが明らかだったのである。

第四章

ムッラー・ウマルと七人のサムライ伝説

ターリバーン出現とその背景

ターリバーンはアフガン南部の都市カンダハールに、黒と白のターバンを巻いて出現した。カンダハールはパシュトゥーン族の故地である。突然現れたこの異相の武装集団を、民衆は「何者であろう」と噂した。黒と白の木綿の布で身を包んだ、質素な身なりをした青年たち。この青年たちを「ターリブ（イスラーム神学生）ではないのか」と囁き合った。ターリブとはマドラサでイスラーム神学を学ぶ学生を指す言葉である。その後、ターリブの複数形であるターリバーンが名称として民衆の間に定着していった。

一九九六年、私は当時、ターリバーン政権内でカンダハール県知事の要職にあったムッラー・ハッサン・ラフマニー知事と懇談する機会に恵まれた。その際、私は何度もターリバーンという名を口にした。するとラフマニー知事は「タカハシ、われわれは自らをターリバーンと名乗ったことはない。ターリバーンという名の組織でもない。神学生の運動である」と指摘した。続けてラフマニー知事は、「ムジャーヒディーンと呼ばれる対ソ連戦のために組織された武装グループでもない。われわれは、民衆のために立ち上がった神学生（ターリバーン）の運動である」と述べた。「ソ連軍侵攻以来、ソ連と社会主義政権に対して戦ってきたムジャーヒディーン勢力とは、その目的も考え方も明らかに違う」と強い口調で主張した。

町の中に出現したターリバーンは、地元のカンダハール市民にとって、不思議な若者の武装集団であった。当時、ターリバーンと呼ばれる武装集団の指導者が何者であるのかを知る人は皆無であった。わずかに、「対ソ連戦で右眼を失った独眼竜のムジャーヒド（聖戦の戦士）が指導者らしい」「ムッラー・ウマルという名の野戦指揮官らしい。寡黙で、数人の側近を従えただけで、彼を見た人はほとんどいない」などと噂される程度だった。「武装した神学生の出現」という奇妙な出来事に加え、その指導者についても素性を知る人はいなかった。ターリバーンの恐れを知らない勇猛果敢な戦いぶりと、ムジャーヒディーン野戦指揮官たちを追い詰めて撃滅させた疾風のような素早さ――民衆はその戦いぶりに驚愕するとともに、悪漢どもを追い払ったこの若者たちに拍手喝采を送った。正義の味方、正体不明、恐るべき強さ――こうしたイメージを背景に、ターリバーンと指導者ムッラー・ウマルの神秘性は余計に高まった。僧兵を率いて悪漢を成敗するヒーローの登場であった。

ムッラー・ムハンマッド・ウマル（ターリバーン運動最高指導者）

ターリバーンによる蜂起は一九九四年十一月、カンダハールの郊外から開始された。なぜ、ターリバーンと呼ばれるイスラーム神学生の若者たちが蜂起したのか。その理由を知るためには、それ以前のアフガニスタンの政治情勢を知っておく必要がある。ターリバーン運動が発生する以前のアフガニスタンは、どのような状況にあったのか。私は当時のアフガニスタンの首都カーブルに出張することができた。

ムジャーヒディーン勢力がカーブルに政権を樹立した一九九二年四月以降、首都カーブルは戦いの火の手に包まれた。ムジャーヒディーン各派の権力争いはアフガニスタン全土に拡大し、アフガン情勢は混迷を深めていた。

私がパキスタンの日本大使館に赴任してから五年が経過しようとしていた。アフガニスタン紛争に解決の兆しを見ることはできなかった。私には本省への転勤の話が持ち上がっていた。そんなある日、上司の梨田書記官が「髙橋さん、卒業論文を書いて、本省へのお土産にしたらどう」と言った。彼は本省に戻る前にアフガニスタンを視察しようと提案した。私は「内戦ですよ。本気ですか。国連の機関もほとんど撤退して誰もいませんよ」と答えた。彼は「でも誰かいるでしょう。おれも一緒に行くよ」と答えた。内戦が勃発してすでに七カ月が経過していた。九二年十一月、私たちは、国際赤十字委員会のセスナ機でカーブルに出張した。

当時、アフガン国内はムジャーヒディーン各派が各地域の支配権を主張し、各派の野戦指揮官が国内のあらゆる場所で武力衝突を繰り返していた。日本の戦国時代と同じく、全国各地でムジャーヒディーン各派の野戦指揮官たちが陣取り合戦を繰り広げていた。アフガン国内の道路は、それぞれの地域を根城にする各派の野戦指揮官がコントロールしていた。野戦指揮官たちは勝手に道路を封鎖して、鎖や綱を渡しただけの簡易な私的関所を設置した。その関所にはカラシニコフと呼ばれるロシア製のＡＫ－47マシンガンを持ったムジャーヒディーンが立っていた。頭にはパコールという帽子やターバンを巻き、民族衣装をまとっていた。一般人とまったく変わらぬ出で立ちであった。彼らは通行する人や車に銃口を突きつけ、通行料として金品を巻き上げていた。なかには麻薬でも吸っているのか、マシンガンの引き金に指をかけたまま、狂ったように怒鳴り出すムジャーヒディーンもいた。そんな様子に誰しもが恐怖感を覚えた。

私たちはパキスタンの町ペシャワールから、アフガニスタン東部の町ジェララバードへ飛んだ。ジェララバードで一泊したのち、国際赤十字委員会（ＩＣＲＣ）の車両でカーブルへ向かった。ＩＣＲＣは、戦闘グループの差別なく戦傷者に無料で治療を施す国際機関として知られていた。そのため、アフガニスタンにおける国際赤十字委員会の知名度は高く、こうした関所も容易に通過することができた。

関所を守るムジャーヒディーン野戦指揮官は、所属するグループから給与や物品が支給されていた。当然、ムジャーヒディーン各派の財政状況は一律ではない。資金が豊富にあるグループに属する野戦指揮官は問題がない。ムジャーヒディーン兵士への給与や配給が滞る場合に被害を受けるのは、決まって罪もない民衆であった。ときには国際赤十字委員会の車両に対しても、何がしかの通行料を要求することがあった。

カーブルに到着するまで、私たちは数多くのこうした関所を通過した。時折、ムジャーヒディーンに銃を突きつけられ通行料を要求された。国際赤十字委員会のスタッフは彼らの要求に応えるため、緊急医療パックを用意していた。応急処置ができる医薬品が入った袋を常時車両に積んでいた。関所を警護するムジャーヒディーンにこの袋を渡して、通行の許可を受けるのである。危険なのはムジャーヒディーン民兵だけではない。いたるところに地雷が埋設されていた。道路を外れた走行や歩行は、命を危険にさらすことを意味した。

ようやくカーブルに到着した私たちを待っていたのは、ムジャーヒディーン各派による陣取り合戦が繰り広げられる首都の姿であった。カーブル市内の道路にも、ムジャーヒディーン各派が設置した簡易関所がいたるところにあった。そこでは民兵が銃を構えて誰彼となく通行人を誰何していた。そのため道路はあちこちで通行止めとなっていた。それだけではなく、道路は砲弾の穴ででこぼこになっていて、車での走行すら困難であった。最も深刻だったのは、市内のいたるところでムジャーヒディーン各派による戦闘が頻発していたことである。カーブル市内はいつどこから銃弾や迫撃弾が飛んでくるかわからない、戦火の真っただ中にあった。

その戦火の中、老婆と女子供たちが、家財道具一切を積み込んだ荷車を押していた。必死に逃げ惑う彼らが関所を通り過ぎようとすると、ムジャーヒディーンたちは無慈悲にも彼らを銃で脅し、荷車にある金目のものを強奪した。なかには女子供たちを差し出せと脅迫しているムジャーヒディーン兵士もいた。市民に対する略奪、暴行は日常茶飯事だった。身代金目当ての誘拐、強盗、殺人も毎日のように頻発していた。こうした凶悪犯罪は民族を問わずに行われた。

シーア派最大の勢力であるイスラーム統一党は、支配地区にあった映画館に反対派の民族の女性を監禁し、暴行した。こうした行為は恒常的に行われていると聞いた。モンゴル系の血を引くというハザーラ族のイスラーム統一党は、マザリー師によって率いられていた。一方、パシュトゥーン族で構成されるサヤーフ師のイスラーム解放同盟は、ハザーラ族の居住地を攻撃して虐殺行為を実行した。民族浄化とも言われる、想像を絶する暴虐行為が頻発していた。

陽が昇るたびに、新たな恐怖が襲ってくるカーブルの日常の中で、国際赤十字委員会は食糧の配給を実施していた。私たちは配給の実際を視察することができた。そこで私は、戦闘による殺戮のみならず、市民の心の荒廃が恐ろしいほど進んでいることを実感した。

外国へ逃れることのできない貧しい市民にとって、カーブルが唯一の居住地であった。戦闘が発生するたびに、彼らは新たな避難所を求めて市内を右往左往した。戦火を逃れた市民は、雨露をしのぐことができるイスラーム寺院のモスクや学校校舎を仮の避難場所としていた。モスクの礼拝場所や教室に入ると、広い空間には大人の背丈ほどの高さに、まるでクモの巣のように、紐が縦横に張られていた。避難民はその紐にベッド用のシーツと思われる敷布を垂らし、四囲を囲んで居住空間を確保していた。紐は隣人との境界線を意味し、敷布は隣人との壁となっていた。むき出しのコンクリートの床の上には申し訳程度の布が敷かれ、一畳にも満たない空間に家族五人が折り重なるようにして生活していた。しかし、ここも、いつまた戦火に巻き込まれるかわからない危険な場所であった。

国際赤十字委員会事務所は避難民に食糧を配給するにあたって、アフガン人による食糧配給チームを編成した。配給チームは毎日、午前中に避難場所を訪問し、避難民の生活実態を調査するとともに、食糧を必要としている避難民の名前と人数を確認した。午後になると、配給チームはトラックに小麦や食用油を積んで避難民たちに配布した。

午前の調査終了後、私たちは小麦の配給がどのように実施されているかを検分するため、配給チームに同行することにした。食糧倉庫に保管していた小麦をトラックに積み込み、再び、午前中に調査したモスクに向かって出発した。配給は午前中調査した際に作成した名簿を元に、一家族ごとに家族の筆頭者が呼び出された。名前と人数を数え、本人であることが確認されると、二〇キロの小麦粉の袋が本人に渡される。この日は避難民にとって、久しぶりの食糧配給であった。疲労困憊の避難民たちの顔にもわずかだが笑顔が見えた。

避難民たちの笑顔を後に、配給を終えた私たちがトラックに乗り込もうとしていたちょうどそのとき、四、五歳の小さな男の子と女の子を連れた女性が、息を切らせながら走り寄ってきた。彼女は配給チームの責任者に、「私たちにも食料を配給してほしい」と訴えた。彼が名前を尋ねて午前中に調査した名簿を確認した。そこには彼女の名前はなかった。彼は「このモスクに避難している人たちを対象に配給しているので残念ながら配給できない」と答えた。すると、彼女はこのモスクに住んでいると主張した。たまたま午前中留守していただけだという。「ぜひ小麦を配給してほしい。子供たちはこの数日間何も食べていない。何とかしてほしい」と泣きながら訴えた。母親の両脇に立っている子供たちは、彼女の服の端を小さな手でしっかりつかんでいた。母親が泣き出したのを見た子供たちもしくしく泣き出した。配給チームの責任者は「本当にモスクに居住している避難民か」と訊いた。彼女は泣きながら「そうです」と答えた。そのとき、モスクの玄関で配給チームを見送っていた避難民たちが、私たちに向かって叫んでいる声が聞こえてきた。彼らは「その女はこのモスクに住んでいない。嘘をついている」と叫んでいた。それを聞いた配給チームの責任者は、「おまえはどこに住んでいるんだ」と再度尋ねた。彼女は「ごめんなさい。嘘をつきました。私はあそこの家のガレージに住んでいます」と、その家を指さした。「でも、夫も殺され、小さな子供を抱えてどうやって生活していけばいいのかわからないのです。お願いです。食べ物を恵んでください」と訴えた。モスクの前で私たちのやり取りを見ていた避難民たちは、身振り手振りを交えながら、「その女はムジャーヒディーン兵士を相手にする売春婦よ。薄汚れた嘘つき女に食料を配給することはない」と叫んだ。配給チームの責任者は「モスクに住んでいなくても構わない。だけど、どこに居住しているかを明らかにしておく必要がある。配給が必要であれば被配給者の名簿に記入しておく。次回からは午前中の避難民調査の際に遅れることなく届出を出すように」と彼女にアドバイスすると、チームのスタッフに小麦袋を渡すように指示した。小麦袋を胸に抱えた彼女は泣き腫らした顔をさらにしわくちゃにしながら、いくたびもいくたびも感謝の言葉を述べていた。

私が知っているアフガン人は、困窮している人があれば、分け隔てなく助ける温かい心を持った人びとであった。私にとって、この光景は信じられない出来事となった。人心の荒廃が最悪のところまできているのを感じたのは私ばかりではなかった。配給チームの責任者は悲しそうにこう語った。

「私にできることはこれくらいしかない。一つまみの食料をめぐって同じアフガン人同士が争うことなど、これまで想像すらできなかった」

地方の町においても同じような悲惨な状況が現出していた。首都カーブルで始まったムジャーヒディーン各派による闘争は、アフガニスタン第二の都市カンダハールにも波及した。カーブルと同様に暴力が社会を支配し、略奪、暴行、強盗殺人といったあらゆる犯罪が行われていた。外出すら大きな危険を伴うため、多くの市民がパキスタン南部の都市クエッタに避難した。

カンダハールは昔から男色が盛んなところであった。略奪、暴行を働く無軌道な野戦指揮官たちは、道行く少年を誘拐し、強姦した。その道徳的腐敗と退廃に、アフガン人はソドムの世界が現出したと嘆いた。飢えた子供に食事を与えるために、その母は身売りした。アフガン民衆の生活は死と隣り合わせの中にあった。この時代に生きたアフガン人はアフガニスタンに身の置きどころがないと語り、地獄とはこのような場所を指すのであろうと悲嘆に暮れた。

飢えた人びとは墓場を荒らして人肉をむさぼった。埋葬されたばかりの遺体を掘り起こし、その遺体から油を取って売買した。人骨を秤《はかり》にかけて飼料として売買する人もいた。現地に住む私の友人は「アフガニスタンに暗黒の時代が到来した」と、顔を覆って嗚咽した。最悪の事態がアフガン社会を覆っていた。

ムッラー・ウマル伝説――夢に現れた預言者ムハンマッド

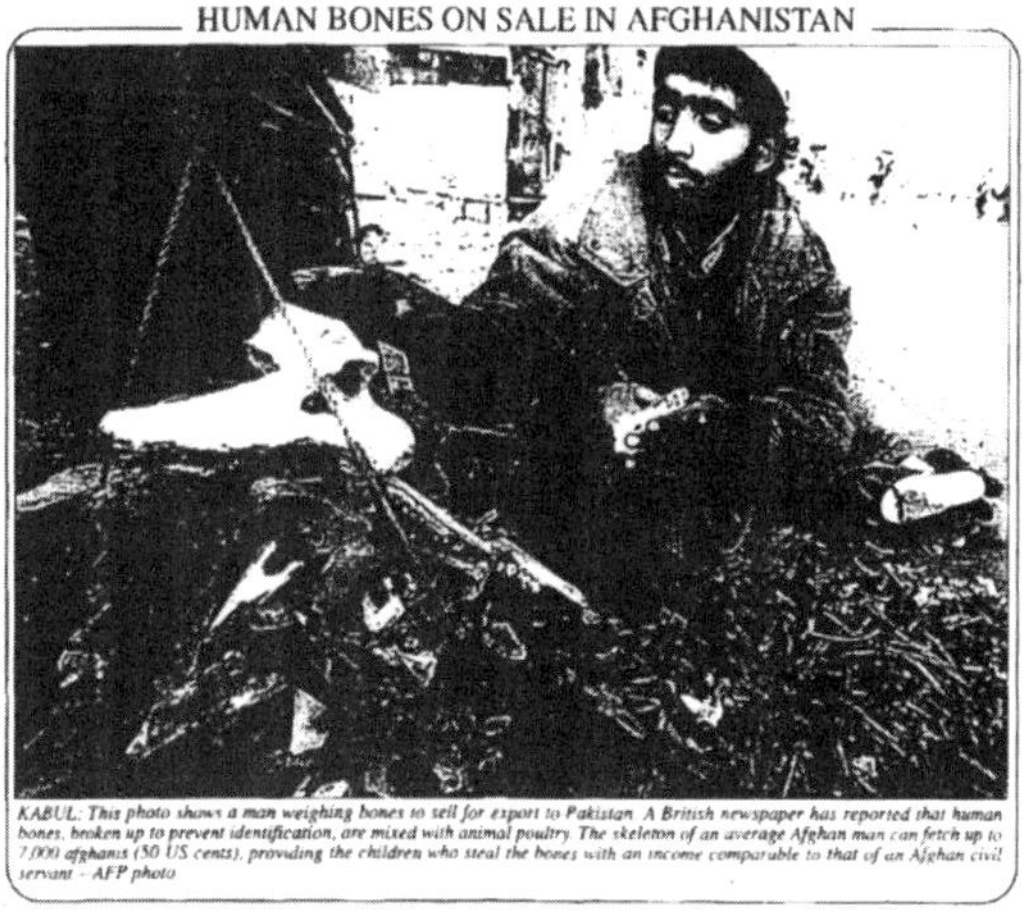
HUMAN BONES ON SALE IN AFGHANISTAN

KABUL: This photo shows a man weighing bones to sell for export to Pakistan. A British newspaper has reported that human bones, broken up to prevent identification, are mixed with animal poultry. The skeleton of an average Afghan man can fetch up to 7,000 afghanis (50 US cents), providing the children who steal the bones with an income comparable to that of an Afghan civil servant. - AFP photo

アフガニスタンにおける人骨の売買を報じた新聞写真。パキスタンの日刊紙『フロンティア・ポスト』(1996年12月11日付)より。

その内戦に終止符が打たれるような出来事がカンダハール市郊外で発生した。一九九四年十一月三日のことである。イスラーム神学生による武装蜂起は、瞬く間にカンダハール市を制圧した。その一カ月後の十二月十一日にはアフガン南部を支配下に収めた。あの暗黒の時代が終わりを告げたのである。悪逆非道なムジャーヒディーン野戦指揮官たちは殲滅された。この事実は民衆の目に奇跡と映った。ターリバーンの出現である。

すでにそのとき、私はパキスタンでの勤務を終え、外務省中近東アフリカ局中近東第二課に勤務していた。報道機関はターリバーンと称する武装集団が古都カンダハールを占拠したとのニュースを流した。私は、老師を一緒に訪ねた友人が、パキスタンを離れる際に耳打ちしてくれたことを思い出した。「アフガン南部のカンダハールで密かな動きがある。注意しておいたほうがいい」。九四年の三月、別れ際に教えてくれた。

そのとき、課長が「髙橋さん、アフガニスタンで何か起きているようだけど、ターリバーンて何ですか」と訊いてきた。課長に「一つだけ電話をかけさせてください。それが終わったら説明します」と返事をして、受話器を取り上げ、パキスタンにいる友人に電話をした。友人は「イスラーム神学生の集団が蜂起した。破竹の勢いでムジャーヒディーンを蹴散らしている。その背後には遊行僧を含む宗教家たちがいる」と教えてくれた。

翌九五年二月にはカーブルの南に位置するワルダック県が制圧され、ターリバーンは首都カーブル近郊にその姿を現した。ターリバーンの軍勢を恐れたムジャーヒディーン各派の野戦指揮官たちは、干戈《かんか》を交えることなく次々と投降した。ターリバーンの軍勢に加わったのである。首都カーブルに迫ったターリバーン軍勢は、数万にも膨れ上がったと言われている。

民衆の変革を望む機運の醸成と渇望が、神学生たちの運動を後押しした。ターリバーンがカンダハールを制圧して一カ月も経過しない頃、アフガン民衆の間で、ムッラー・ウマルに関する噂が流れた。ムッラー・ウマルが不思議な夢を見たというものであった。「ムッラー・ウマルは武装蜂起する前に預言者ムハンマッドの夢を見た。一度のみならず、三度にわたって預言者ムハンマッドが現れるという夢であった」。最初の夢で預言者は、「ウマル、世の中が乱れているのにおまえは何をしているのだ。立ち上がって戦え」と言った。驚いたウマルは目を覚ました。

預言者ムハンマッドの夢を見ることのできる人物は預言者、あるいは宗教的に覚醒された人物のみである、とアフガニスタンでは言い伝えられている。それ以外の人が預言者の夢を見ることは、イスラームを冒瀆することになる。そのため、ウマルは夢を見たこと自体に自ら恐れおののいた。すると、あろうことか再び夢枕に立った預言者に、「社会が乱れておる。民衆が非常に困窮している。民衆のために立ち上がれ」と言われて、驚愕した。それでも、ウマルは「あいつは気が触れた」と人びとに言われることを恐れ、夢の話を絶対に口外しないことを心に誓った。その数日後、信じられないことに三度、預言者ムハンマッドが夢に現れた。「民衆が困惑しているのに、なぜおまえは立ち上がらないのだ」と、預言者ムハンマッドがウマルを叱責した。夢の中でウマルは預言者ムハンマッドの怒りにおびえながら、「自分は武器もなく部下もいません。悪者たちに立ち向かってもすぐ殺されてしまいます。私には悪者を退治する力はありません」と恐る恐る返事をした。預言者ムハンマッドは「汝よ逡巡するなかれ。おまえには私という味方がついている。後顧の憂いなく立ち上がれ」と言った。その言葉を聞いたウマルは、一大決心をして民衆のために立ち上がることを預言者ムハンマッドに誓った、という。

眠りから覚めたウマルはその夢があまりにも鮮明であったことから、仲間たちに相談することを決断した。ウマルの話を聞いた仲間たちは、「それは正夢に違いない。預言者の命に従うべし。武装蜂起すべし」と異口同音に叫んだという。ウマルは仲間とともに武装蜂起したと伝聞されている。

イスラーム辞典では「イスラーム世界では、夢は人びとに予言や助言、警告を与えるものと信じられ、社会的・文化的に大きな役割を演じてきている」と説明している。つまり、ウマルの見た夢は預言者ムハンマッドからのお告げによる正義の武装蜂起を意味し、神からのウマルに対する祝福を意味した。この夢見によってウマルが率いる武装蜂起は、暗黒の世界に正義の光を差し込む破邪顕正《はじゃけんしょう》の聖戦であると位置づけられた。アフガン民衆にとってウマルの夢は、ターリバーン運動がこの世に光明を与える救世運動であると信じさせる大きな原動力となった。

パシュトゥーン人によるドゥラニー王朝が一七四七年にアフガニスタンに建国されて以来、イスラームは大きな役割を果たしてきた。現代のアフガニスタンにおいてもイスラームはアフガン社会を構成する重要な要素である。イスラームの世界では政治と宗教を厳密に区別することは困難であり、社会の秩序や規律はイスラームという宗教より発している。そのため、とくに、社会が混迷、混乱に陥っている時代の宗教家の発言は大きな意味と力を有する。宗教家はしばしば、民衆の不満を除去するため、自らが有する宗教的権威を利用して政治行動や軍事行動を起こす。一九七八年、クーデターで成立した社会主義政権に対して、聖戦を布告したのも宗教家であった。ウマルの場合、名もない宗教指導者であったことから、預言者ムハンマッドを夢枕に立たせることによってウマルに宗教的権威を帯びさせ、錦の御旗にしたと考えられる。

ウマルが本当にこのような夢を見たのか、当時、ウマルの側近と言われた数名の関係者から聴取した。すると「(ムッラー・ウマルから)そのような話は聞いたこともないし、そのような事実はない」と、一様に笑って答えた。夢の真偽を確かめるにはウマル本人に確認する以外に手立てはないが、ウマルのカリスマ性をつくり上げターリバーン運動の正統性を広めるために、あえてこうした話を流布したことは十分に考えられる。あるいは、ターリバーンの出現に衝撃を受け、感動した民衆が想像してつくり上げ、広まった可能性もある。いずれにせよ、ウマルの夢見の話がターリバーン伝説をつくり上げるのに大きな役割を果たしたと思われる。

またターリバーンのシャリーア法による厳格な治安維持は、ムッラー・ウマル伝説あるいはターリバーン伝説をより確個たるものにした。

イスラームという錦の御旗を掲げ、黒装束に身を固めた神学生の武装集団「ターリバーン」によって諸都市は次から次へと陥落した。前線に向かうトラックには大きな白旗や黒旗が翻り、黒白のターバンを巻いた多くのターリブ（神学生）が乗り込んだ。ロシア製マシンガンのカラシニコフを肩にかけ、勇躍勇んで颯爽とトラックに飛び乗る幾人もの若者がいた。彼らは民族衣装に、真新しい白あるいは黒色のターバンを巻いていた。彼らはターリバーン運動に志願した若者たちであった。

ターリバーンがカンダハールで蜂起した当初、極悪、凶暴で邪悪なムジャーヒディーン野戦指揮官たちは、神学生の若造たちを一蹴できるつもりでいた。錦の御旗を掲げ、神軍とも見紛う黒白の色に統一された若者の武装集団、死を恐れぬ神学生たちの猛攻に惨敗した。民衆から蛇蝎《だかつ》のごとく嫌悪されたムジャーヒディーン野戦指揮官たちは次々に捕らえられ、イスラーム法あるいはシャリーア法が厳格に適用されて裁かれた。許しを乞うて投降する者、あるいはパキスタンのクエッタへ逃亡する者たちが続出した。ターリバーンによるムジャーヒディーン野戦指揮官たちの排除と、イスラーム法に則った厳罰に民衆は狂喜した。同時に、ターリバーン運動への参加を希望する若者が急激に増加していった。

捕縛したムジャーヒディーン野戦指揮官のみならず占領した地域においても、ターリバーンは厳格にシャリーア法を適用した。わずかな罪も見逃さず、犯罪者は厳重に処罰された。イスラームの軍であるターリバーンは増大し続ける部隊の規律についてもシャリーア法を厳しく適用した。戦場における窃盗、強盗、殺人といった罪から何人《なんびと》も免れることはできなかった。そのように厳格にシャリーア法を適用してもアフガン人を統率することは困難であった。

犯罪者が処罰された残酷なビデオが巷に溢れた。ビデオの内容は、捕縛された犯罪者がシャリーア法によって死罪を宣告され、処刑されるというものである。通常の裁判の様子が映し出され、イスラーム法官が犯罪者に判決を言い渡す。その後、被害者の遺族が呼び出され、「罪人はその行った罪により死刑の判決を言い渡された。もし、被害者の遺族がこの罪人を許すと申し出るなら、受け入れられるであろう。神はその寛大な心に対し天国へ召すというすばらしい祝福を授けるであろう」と、法官が遺族に伝えた。そのビデオでは、イスラーム法官に尋ねられた遺族の母親が、罪人の罪を許すことができないと声高に主張した。母親の訴えに対し法官は重ねて、「寛大な心で罪人を許すことは神の思し召しでもある」と説得する。母親が罪人の死刑執行を最後まで訴えたことから、死刑執行が決定された。罪人の処刑はその場で実施された。ビデオ映像は、戸板のような板に縛りつけられ、横たわっている罪人の首を被害者の母親が鋸のような刃物でギリギリと切るという、たいへん残酷な内容となっていた。

この母親の行為はシャリーア法からみても残酷に見えるが、パシュトゥーン部族慣習法であるパシュトゥーンワーリーで見た場合、「バダル（復讐）」に相当し、天国へ行くことよりも「バダル」を選択した彼女の行為は称賛に値する、とされる。このことから、パシュトゥーン部族社会においては、イスラームより部族慣習法であるパシュトゥーンワーリーが優先される。パシュトゥーン人の女性も男性以上にパシュトゥーンワーリーに忠実である。

もちろん、こうした裁判では被害者の遺族が犯人を許すというケースもある。ターリバーン時代、在パキスタン大使であったアブドゥル・サラーム・ザイーフも、その著書（*My life with Taliban*, Columbia University Press, New York, 2010）でターリバーン時代の裁判について述べている。この例では、息子を殺害された父親が裁判官やターリバーン野戦指揮官、市民たちの恩赦の願いを受け入れ、神に判断を委ねると述べて処刑を思いとどまるケースが紹介されている。

ターリバーン指導部は処刑の残酷なシーンのビデオを大量に作成して配布した。また市民に犯罪者に関する情報提供を求め、多くの犯罪者が逮捕され処罰された。その結果、犯罪者は逮捕を逃れるためさらなる犯罪行為をやめ、身を潜め、あるいはパキスタンに逃亡した。こうして犯罪は瞬く間に激減した。とくに、ターリバーン運動が発生した一九九四年から九六年頃まではこうしたビデオが大量に出回った。不思議なことに九七年頃には逆にビデオの入手が困難になった。ターリバーン関係者にビデオの入手を依頼しても、「そのような残虐な処刑の事実はない」「ビデオも存在しない」と述べるだけであった。公開処刑については、首都カーブルの競技場において引き続き実施された。西側のマスコミも、ターリバーンの処刑は非人道的であると非難した。

以上からターリバーンは犯罪防止のため、故意に残酷なビデオを配布したと考えられる。そうすることによって犯罪を防止し、国内の治安を維持した。私はこうした政策の有無をターリバーン幹部に尋ねた。治安担当の責任者であった彼は私ににこにこしながらうなずいた。当然、それだけをもって残酷なシーンのビデオ流布が、ターリバーンの犯罪撲滅政策であったと断定することは困難である。ただし、ターリバーンの治安維持と犯罪撲滅が成功したことは紛れもない事実であった。

シャリーア法の厳格な適用以外に、ターリバーン運動が実施した政策として武器の取り締まりが挙げられる。ターリバーン運動は市民が武器を所持することを完全に禁止し、武器の所持自体が犯罪であるとして武器の発見に努めた。そのため所持者に対しては厳重な処罰が実施された。その結果、ターリバーン運動の支配地域においては、銃火器はほぼ完全と言えるほど規制された。この武器規制は治安維持を進める上で大きな成果となった。ターリバーン運動の規制がいかに厳格を極めたかについて、私自身もたいへん興味深い事件を目撃した。

一九九七年、米国ネブラスカ大学はカンダハールに石油パイプライン建設のための職業訓練センターを建設するプロジェクトをターリバーン運動側に提示した。そのための会議がネブラスカ大学関係者とターリバーン運動の代表者との間で行われた。当時、国連アフガニスタン特別ミッションに勤務していた私は、双方からオブザーバーとして出席を請われて会議に参加した。ターリバーン運動側からは全権を委任されたワキール・アフマッド・ムタワキル顧問が通訳とともに参加した。当時、彼は最高指導者ムッラー・ウマルの信頼が最も厚いと言われていた側近中の側近であった。会議はネブラスカ大学が新たに建設した職業訓練センターにおいて行われた。同センターは建設されたばかりで、カンダハール市の中心地から離れ、長く続いた戦闘で廃墟と化した場所にあった。会議は午前に開始され、昼食を挟んで延々と続けられた。合意のため互いに懸命に交渉した。小休憩以外、誰も席を立たず会議は続けられた。

ようやく合意にこぎ着けたとき、すでに辺りは真っ暗になっていた。町に戻るには何カ所かの検問所を通過しなければならない。検問所でトラブルが起きることを恐れた私は、ムタワキル顧問に町の中心地まで先導してくれることを頼んだ。彼は快く承諾してくれた。ムタワキル顧問と通訳を乗せたランドクルーザーが走り出したのを見て私は、ターリバーン運動のナンバー2が先導してくれるので検問所通過は支障がないと運転手に伝えた。すると運転手は「余計なことを依頼しましたね。車体にUNと青色で大きく書かれた国連の車に、神学生は何も文句は言いません。検問所も黙って通してくれます。逆にムタワキル顧問と一緒だと検問所でチェックされる恐れがあります」と言った。驚いた私はその理由を尋ねた。運転手は「検問所まで行けば、私の言った意味がわかりますよ」と言って笑った。しばらく走ると、カンダハールの町に入る検問所が見えた。ムタワキル顧問の乗ったランドクルーザーが停車していた。検問所の神学生たちと話をしているのが見えた。神学生は検問所のゲートを一向に開けようとしない。訝しげに見ていると、「よく見ていてください。彼らはムタワキル顧問が所持している拳銃を取り上げるはずです」と運転手が言った。私は「まさか、そんなことはあり得ないだろう。彼はターリバーン運動のナンバー2だぞ。神学生が銃を取り上げることなどあり得んよ」と言って、彼らのやり取りを凝視した。ムタワキル顧問はしばらく神学生たちと話をした後、腰につけていた拳銃を神学生に渡した。思わず、「いったい何が起きたんだ」と運転手に尋ねると、彼はこう答えた。「夜間外出禁止令が出ているので、検問所を通過するには特別な合言葉が必要です。その合言葉は毎日変更され、陽が暮れる前に、ターリバーン運動本部へ出頭して取得する必要があります。今日は会議が長引いたため、合言葉を日暮れまでに入手できなかったのです。そのため通行は許可するが、携帯している拳銃は一時預かりということになったのでしょう」

私はこの体験をウマルの側近に語り、ターリバーン運動の規律の厳格さと、高位にあっても規則から逃れることはできないとする、その公正さにたいへん驚いたと伝えた。彼は笑いながら、「ターリバーン運動にとってそれは当たり前だよ。もっと面白い話を教えてあげよう」と言って、こんなエピソードを語ってくれた。

ウマルの側近である友人はいつものとおり、朝、ターリバーン運動本部に出向いてムッラー・ウマル師に挨拶に出向いた。ウマル師の機嫌が普段よりよかったので、「ムッラー・ソーヘブ（和尚様）、今日はご機嫌麗しい様子とお見受けします。何かいいことでもありましたか」と尋ねた。「昨晩、たいへんうれしい出来事があった。それで今日はとくに気分がいいのだ」と答えた。「もしよろしければ、和尚様が欣快に感じた出来事を私にもお聞かせください。和尚様の幸せな気持ちをお裾分けしてもらえば、私も幸せな気分になるでしょう」と頼んだところ、快く承諾して話をしてくれた。

ウマル師は前日に起きたことを語ってくれた。ウマルはターリバーン運動本部で、夜中の一二時頃まで仕事をしていた。急に用事を思い出し、自分で車を運転して本部前にある検問所を出ようとした。ところが検問所の神学生はゲートを開けずに、ウマルに対し、夜間外出のための合言葉の提示を求めた。その対応にウマルはムッとして、「おれが誰だか知らないのか」と詰問した。検問所を警備する神学生は「もちろん、ターリバーン運動の最高指導者ムッラー・ウマル師であることは承知しています」と答えた。「それなら、なぜ合言葉の提示が必要なのだ」と、ウマルは神学生に質した。「この規則はターリバーンの最高指導者で、ムッラー・ウマル尊師自身が決定したことです。規則を定めた人が規則を破ってしまっては、誰も規則を守る人がいなくなります。民衆の模範である指導者ムッラー・ウマル師にはぜひ合言葉をご提示願いたいのです」と答えた。それを聞いたウマルは車をUターンしてオフィスに戻り、合言葉を入手すると、検問所の神学生にこれでいいかと提示した。神学生は最敬礼をして検問所のゲートを開けた。この話を私の友人に語り終えたウマルは、「この神学生の対応を見て、私が指示した命令がしっかりと遵守されていることを知った。それでたいへんうれしくなったのだ」と語った。

相手がターリバーン運動の最高指導者ムッラー・ウマルやナンバー2であっても、規則を厳格に適用する徹底さがアフガニスタンに治安の安定をもたらしたことは、この事実で明解である。

さらにターリバーン運動に特徴的なものとして、厳格な秘密主義を挙げることができる。一九九六年、ターリバーン運動幹部を紹介すると言う友人の手引きで、私はのちにターリバーン政権の閣僚となった人物に引き合わされた。相手はいつまで経っても名前を名乗ろうとしない。思い切って尋ねると、友人から知らされていた名前と異なった名前を名乗った。怪訝な顔をした私に、かたわらに同席していた友人は彼にとりなした。それを聞いて彼は初めて本名を名乗った。その後、同様の経験をたびたび体験した。

外務省中近東二課に勤務していた私は一九九六年夏、急遽、国連アフガニスタン特別ミッションへの出向を命じられ、仮本部が設置されていたパキスタンの首都イスラマバードに赴任した。その年の秋、ターリバーンはアフマッドシャー・マスード司令官を追撃して、パンジシェール峡谷に激しい攻勢をかけていた。ターリバーン運動の治安を担当していた大幹部は、密かに私の自宅を訪問した。前線から戻ったばかりだと語るターリバーン運動の大幹部と、食事をしながら意見交換をした。その折、私は、ターリバーン運動の幹部はなぜ本名を名乗らないのかと尋ねた。彼は「できる限り身分を隠すことを命じられている。そのため、ほとんどの幹部が別名を持っている」と答えた。彼によると、「アフガン人は詮索好きで噂好き。秘密を隠そうとしても隠せない性格である。そのためアフガニスタンに平穏をもたらすためには、秘密厳守が重要な要素である。敵に情報が渡ってしまっては、イスラームの敵を倒すことができない。われわれはムジャーヒディーンを倒して、もうすぐ全国を制覇する。アフガン人にとって正体が不明で、秘密に満ちた相手ほど怖いものはない」と語った。私が「正体不明な相手には日本人でも恐怖を覚える」と言ったところ、それもそうだなと言いながら大きく笑った。当然のことながら、彼もいくつもの名前を使い分けていた。こうした秘密主義も、ターリバーン伝説をつくり上げる大きな要素のひとつであった。
こうして見てくると、ターリバーン運動が成功した大きな要因として、アフガン社会に絶大な影響力を有するイスラーム＝宗教を、錦の御旗として掲げたことにある。前述したムッラー・ウマルの夢が真実であったかどうかは不明だが、イスラーム社会に共通する夢見という方法が使われた。意図的であったか否か、あるいは住民が勝手につくり上げた夢物語かは定かではない。一方で、この夢物語がムッラー・ウマルの神秘性をつくり上げることに成功したことは間違いない。また、民衆にわかりやすいシャリーア法適用による厳格な処罰と、徹底した銃器取り締まりは治安維持に大きな効果を挙げた。とくに残虐なビデオの拡散、容赦のない取り締まりについて、噂として流したことは、治安予防の観点から大きな成果を挙げることができた。もちろん、非情な取り締まりがあったのも事実ではある。西側諸国のようにマスメディアが発達していないアフガン社会では最も有効な手法であったと言える。こうした厳格な秘密主義による情報操作と宣伝工作がターリバーンの神秘的な要素を高め、同時に治安の安定をもたらしたと考えることができる。

出自——出生、家族、部族、出身地

ムッラー・ムハンマッド・ウマルはカンダハール県ダンドゥ郡セルチャック村にて出生。出生年は一九六〇年頃と言われる。ウマルが生まれて、まもなく、父親のアブドゥル・ラフマーンは病死した。ウマルが一歳か二歳の頃であると思われる。ウマルはアブドゥル・ラフマーン夫婦の一人っ子として生まれた。父親が病死した当時、一家はカンダハールのシアーチャップという地区に居住していた。ウマルの家系は代々ムッラー（説教師）であり、父親もムッラーとしてカンダハール市内のサレ・チャウクにあるモスクで説教をしていた。ウマルの父の兄弟ムサファールもカンダハール市中心地から約一〇キロ離れた地区のモスクの説教師であった。

兄弟の死亡を知らされて駆けつけたムサファールは、葬儀の後、まだ乳飲み子であったウマルと母親を伴い、出身地であるウルズガーン県のデラウートに戻った。アフガニスタンでは一族から未亡人が出た場合、実家に戻ることはなく、まして他家に嫁ぐこともない。ウマルの叔父ムサファールはウマルの母親を妻として娶《めと》り、ウマルも息子として引き取った。

ウマルの父親アブドゥル・ラフマーンの本来の出身地は、ザーブル県シェオリー郡シャーディカライであると言われている。シャーディカライはホタック族の村であり、アブドゥル・ラフマーン兄弟もホタック族である。シャーディカライ村出身のアブドゥル・ラフマーン兄弟が、ウルズガーン県のデラウートに移り住んだ時期および理由は明らかではない。ただし、デラウートにもホタック族が居住していることから、同族を頼って移住したものと推測される。ウマルの所属するホタック族は、アフガニスタンに居住する主要民族であるアーリア系のパシュトゥーン族に属する。

パシュトゥーン族にはアブダリー氏族（アフマッド・シャー・ドゥラニーがドゥラニー王朝を創設後、「ドゥラニー」と呼称される）とギルザイ氏族という二つの有力な氏族がある。ウマルはギルザイ氏族の出身で、出身地からも判明するようにギルザイ氏族につながるホタック族の出である。ホタック族はパシュトゥーン族の英雄ミール・ワイス・ホタキを輩出したことで著名な部族である。ミール・ワイス・ホタキは短命で終わったが、パシュトゥーン族の最初のホタキ王朝（一七〇九〜三八年）を創設したことでも有名である。アフガニスタンにおける正確な人口統計を知ることは困難であるが、人口比でみた場合、ギルザイ氏族がドゥラニー氏族より多いと言われている。

十六世紀のアフガニスタンは東にムガール帝国、西にサファヴィー帝国、北部はウズベク族のシャイバーン朝という三つの帝国による支配を受けていた。カーブルを含むヒンドゥークシュ山脈の東側はムガール帝国、西のサファヴィー帝国はアフガン西部のヘラートとファラーを支配していた。ヒンドゥークシュ山脈の北側にあたるアフガン北部は、中央アジアに勢力を誇ったウズベク族のシャイバーン朝が支配していた。アフガン南部のカンダハールは東西の両帝国であるムガール帝国と、サファヴィー帝国が支配権を主張する、せめぎ合いの場所となっていた。そのため同地に住むパシュトゥーン族も両帝国の争いに巻き込まれた。

当時、ギルザイ氏族で優勢を誇ったホタック族の部族長ミール・ワイス・ホタキは、イランのサファヴィー王朝の支配に抵抗した。一七〇九年、ミール・ワイス・ホタキは、サファヴィー王朝の総督府が置かれていたカンダハールにおいて、ゴルギン・カンダハール総督に対して反乱を起こした。一方、のちにドゥラニー王朝を築くアフマッド・シャー・ドゥラニーが所属するアブダリー氏族サドザイ族は、サファヴィー王朝に仕えていた。このため、両氏族は当時からライバルとして争った。

ミール・ワイス・ホタキはサファヴィー王朝からカンダハール地方を解放して半独立を獲得した。

その後、ミール・ワイス・ホタキの後継者となった子息マフムードはサファヴィー王朝の都イスファハーンに攻め入り、サファヴィー王朝を崩壊させた。ホタック族は、一七〇九年から一七三八年の短期間であるが、イランを含めたこの地域に勢力を張った。サファヴィー王朝の後、ナディール・シャー・アフシャール（在位一七三六―四七年）が台頭してイランの統一を成し遂げたと同時に、ホタック族も駆逐された。ホタック族を中心に結集したパシュトゥーン族ギルザイ氏族の支配は終焉した。このミール・ワイス・ホタキの事績は、外国の支配勢力に抗してパシュトゥーン族の自立・独立をめざした民族の英雄として称えられることになった。

ギルザイ氏族に代わって台頭してきたのが、サファヴィー王朝下、アフガニスタンの西に位置するヘラートで勢力を誇っていたドゥラニー氏族であった。ドゥラニー氏族はギルザイ氏族と異なりナディール・シャー・アフシャールの幕下に入り活躍する。一七四七年、ナディール・シャーが暗殺されると、ドゥラニー氏族のアフマッド・シャー・サドザイは、その政治的空白を利用してパシュトゥーン族の王に選出された。この嚆矢をもって、この地域に歴史上最初のパシュトゥーン族ドゥラニー氏族による王国が誕生する。これ以降、アフガニスタンの王はドゥラニー氏族から輩出されることになる。当時のギルザイ氏族とドゥラニー氏族の確執は、現在に至ってもライバル関係として歴史のかなたに消えることのない残滓となっている。

デラウートにおけるウマルの幼少時代はアフガンの子供たちと同様に、家事手伝いと、義父であり叔父でもあるムサファールから聖典クルアーンの手ほどきを受けたことであった。その後、イスラーム神学を学ぶためデラウートにあるマドラサに入学した。父祖代々継がれてきた説教師の道を歩み始めるのである。ウマルは一九八四年頃、マドラサにおける勉学に終止符を打ち、故郷のデラウートを後にした。ソ連のアフガン侵略に抗する聖戦に参加するためであった。当時二十代半ばだったウマルは幼友達のムッラー・アブドゥルガニー・ブラーダル（現第一副主席大臣）やヤラナーたちとともに、同じデラウート出身で著名な野戦指揮官のハーン・アブドル・ハキムのもとに身を寄せた。

ウルズガーン県のデラウートはドゥラニー氏族に属するヌールザイ族が多く、ハーン・アブドル・ハキム野戦指揮官はヌールザイ族出身で通称ハーンと呼ばれていた。ハーン野戦指揮官はムハマッド・ナビー・ムハマディが率いるイスラーム革命運動に所属していた。カンダハールから東に約四〇キロ離れたマイワンド郡ケシキナホッド地区にあるサングサールのキシャーリ村に根拠地を持っていた。当時、ハーン野戦指揮官は約二五〇名のムジャーヒディーン民兵を擁する野戦指揮官として勇名を馳せていた。彼もウマルと同様にムッラー（説教師）であった。ウマルはこうして聖戦戦士としての生活の第一歩を開始した。ターリバーン運動に参加して武装蜂起する一九九四年まで、彼はサングサールを根城として活動した。

ウマルはナジィブッラー政権が崩壊した一九九二年前後まで、ハーン野戦指揮官のもとで聖戦に従事した。ウマルは対ソ連戦の戦闘において、勇敢な行動力のみならず、戦闘に習熟し、その戦いの巧みさについても高い評価を受けた。ウマルは仲間からデル・アガーというニックネームで呼ばれていた。物静かな性格であったが無口ではなく、仲間とよくおしゃべりをしていた。焚火を囲んだ和やかな夕食後などには、イスラームを称える宗教歌を歌うこともあった。ロバのような悪声のため、ハーン野戦指揮官にしかられ、歌うのをやめさせられたこともあった。また、親代わりでもあったハーン野戦指揮官に、結婚したいので婚資の面倒を見てほしいと無心したこともあったという。

ウマル伝説の一つに独眼という風貌が取り上げられた。ソ連軍との戦闘において負傷した際、右眼を失明したと伝えられている。イスラーム社会では身体に瑕疵《かし》があることは吉兆とされ、ウマルが独眼であったことも神による徴《しるし》であると見られた。ウマルが失明した日時については誰も正確に記憶していない。この事件を目撃した関係者によれば、その頃は激しい戦闘もやみ、平穏な日々が続いていたそうである。右証言から、負傷して失明した時期は、ソ連軍がアフガニスタンから撤退した一九八九年頃ではないかと推測される。

当時、ウマルはキシャーリ村でのんびりくつろいでいた。突然、アフガン政府軍の戦闘機が飛来し、キシャーリ村周辺に爆撃が加えられた。ウマルは爆撃を避けてモスクに避難したが、飛翔した爆弾の破片が眼に当たり負傷した。これまで右眼はソ連軍との戦闘によって喪失したと言われていたが、政府側の爆撃による負傷が事実であった。この爆撃が政府軍による最後の攻撃となった。

ウマルはキシャーリ村に二日間滞在し、治療のためパキスタンのクエッタに移送された。クエッタから戻ったウマルは、再びキシャーリ村のハーン野戦指揮官のもとに戻った。ウマルはソ連に対する聖戦もほぼ終了していたこの時期に、ハーン野戦指揮官と仲違いして彼のもとを去った。

ナジィブッラー政権が崩壊する一九九二年初春の出来事であった。ウマルは仲間のムッラー・ブラーダルたちと一緒にハーン野戦指揮官を訪ねた。理由は彼らに支給される武器や手当金の値上げを交渉するためであった。ウマルたちはハーン野戦指揮官にカラシニコフ（ロシア製マシンガン）や移動する際に必要な車、手当金の値上げを要求した。ソ連軍の撤退によって国際社会はアフガン問題に対する関心を急激に低下させていた。時勢は急激に変化しつつあった。米ソによるアフガニスタンへの武器供与停止は、アフガニスタンの政府側と反政府側の双方に大きな影響を与えつつあった。

ウマルたちの要求を、ハーン野戦指揮官はそんな余裕などないと一蹴した。ウマルたちはこの説明に承服せず、ハーン野戦指揮官との関係は険悪化した。ウマルは要求が入れられない場合、離脱すると脅した。「ない袖は振れない」と絶対に譲らないハーン野戦指揮官との関係は急速に冷えた。こうしたムジャーヒディーン勢力内における仲違いは、地元のムジャーヒディーン内でも知られることになった。ムジャーヒディーン勢力内の軋轢をナジィブッラー政権側に利用されることを恐れたほかのムジャーヒディーン野戦指揮官たちが仲裁に入った。その結果、ハーン野戦指揮官はムッラー・ウマルたちにカラシニコフ一〇丁を与えることに同意し、ウマルたちは六、七名前後の仲間とともに独立することとなった。

ハーン野戦指揮官は当初イスラーム革命運動に所属していた。その後、ラバニー前大統領が率いるイスラーム協会に移った。独立したウマルたちはハーン野戦指揮官が所属するイスラーム協会にとどまらず、以前、所属していたイスラーム革命運動に所属することになった。実際には少人数のムジャーヒディーン民兵にとって、どの政治グループに所属するかは大きな問題ではなかった。支援の多寡が大きな関心事であり、多くの支援を与えてくれるムジャーヒディーン・グループが魅力ある団体であった。

こうして、ウマルは一〇年近く仕えてきたハーン野戦指揮官から独立した。新たなムジャーヒディーン・グループを結成したウマルは新たな道を拓いていくことになった。このときすでに、ウマルは妻を娶っている。花嫁は同郷の同じ説教師を生業とする家庭の出身であった。花嫁の家庭が裕福でなかったこともあり、婚資も少なくて済んだと言われている。ただし、妻を娶っても手当金が少なく、これまで呼び寄せることができなかった。この独立を機にウマルは花嫁を新しい住みかに迎えることにした。独立したウマルたちを待ち受けていた最初の難問は、新たな根城をどこに定めるかであった。キシャーリ村はハーン野戦指揮官の根拠地であった。

戦乱の地となっていたキシャーリ村の住民の多くは、パキスタンに難民として避難していた。そのため村には政府軍と銃火を交えるムジャーヒディーン民兵と、ごくわずかな住民が残っているだけであった。

ウマルたちに救いの手を差し伸べたのは、地元の著名な名主ムハンマッド・イサーであった。ムジャーヒディーン内の諍いを知り、ウマルたちが困っているのを見た名主は、自分が所有する父親の名を冠したハジ・ムハンマッド・イブラヒム・モスク（イスラーム寺院）を管理してほしいと提案した。このイスラーム寺院を管理しながら、モスクの説教師として勤めてほしいという。モスクの目と鼻の先にはハーン野戦指揮官の根城があったが、ウマルは喜んでこの提案を受け入れた。こうしてウマルは六名の仲間を引き連れて、キシャーリ村に戻ることとなった。

ウマルは一〇年前、ハーン野戦指揮官を頼ってカンダハールに来るまで、故郷のデラウートでは神学校に通うターリブ（神学生）にすぎず、修学を終えてはいなかった。聖戦戦士（ムジャーヒド）として過ごした時代も別段、熱心にイスラームを学んだ形跡はなかったとハーン野戦指揮官は語った。ムッラー・ウマルをよく知る宗教指導者は、イスラームに関する知識も未熟で、マドラサの学生程度であると述べた。

戦時中という非常事態と、ウマルたちに同情する名主の好意によって、ウマルはモスクの住職である導師とも言える職におさまった。こうして、ウマルたちはハジ・ムハンマッド・イブラヒム・モスクを根城に、名主の喜捨を受けながら独立の第一歩を歩み出した。すでに、政府軍との戦いもほとんどなく、銃声もしない静かな日々が続いていた、と当時を知る人びとは回想する。

一九九二年四月、ムジャーヒディーン反政府勢力は、首都カーブルにムジャーヒディーン各派のなかで最弱小派である民族解放戦線を率いる、ソブガトゥラー・ムジャディディを大統領とする連合政権を樹立した。ウマルたちがハーン野戦指揮官から独立してまもなくの出来事であった。

ウマルたちはムジャーヒディーン政権の樹立を祝い、聖戦の勝利と終了を喜び合った。戦乱で荒果てた町や村には、難民となっていた人びとが徐々にパキスタンから戻り始めた。ウマルたちはハジ・ムハンマッド・イブラヒム・モスクを立て直した。モスクでは職のない元ムジャーヒディーン民兵や、難民となってパキスタンやイランに逃れていた村人たちに読み書きを教えた。イスラームの教えを説くため、モスクで小さな神学校を開設した。ウマルたちは確かな平和を実感した。

決起　七人のサムライ――ターリバーン運動の始まり

一九九二年四月に樹立されたムジャーヒディーンによる連合政権は、ムジャーヒディーン同士の権力闘争からわずか一カ月後、内乱に発展する。それでも、カーブルにおける権力闘争が地方のカンダハールに影響を及ぼすまでしばらくの時間があった。キシャーリ村では帰村する人びとが徐々に増え、ウマルたちのマドラサでもターリブ（神学生）たちが少しずつ増えていった。

ウマルたちの生活はターリブたちの支払うわずかな謝礼と名主や住民たちによる喜捨によって成り立っていた。「何もない貧しい生活ではあったが、彼らは活気に溢れ、仲良く、快活な生活を送っていた」と、当時を知る村人は語った。

こうした平穏な日々を妨げる事件が、一年も経たないうちに発生した。ムジャーヒディーン各派による権力闘争はカンダハールでも勃発した。首都カーブルにおけるムジャーヒディーン内の抗争が全国各地に波及した。時折、マドラサで学ぶターリブ（神学生）たちからカンダハールの町におけるムジャーヒディーン同士の争いの様子を聞いて、ウマルたちは眉《まゆ》をひそめていた。

ウマルたちが武装蜂起するに至った理由について、さまざまな話が伝えられている。ある日、ウマルのマドラサで学ぶターリブの一人がマドラサに駆け込んできて、同級生が悪名高い野戦指揮官に捕えられ、強姦されようとしているとして助けを求めてきた。あるいは、サングヒサール村の十代の娘

ウマルたちが根城としたハジ・ムハンマッド・イブラヒム・モスク（キシャーリ村）

ウマルたちの住居跡（キシャーリ村）

二人がムジャーヒディーン野戦指揮官に誘拐され、強姦された。怒ったウマルたちが野戦指揮官と戦闘になり、娘たちを救い出し、野戦指揮官を絞首刑にしたことがきっかけとなったとも言われている。だが、真相は明らかではない。

たしかに、カンダハールにおけるムジャーヒディーン野戦指揮官たちの横暴と暴虐は、耐え難いほどになっていた。そうした噂をウマルたちも耳にしていたのは間違いない事実であった。イスラームの神の道をマドラサで神学生たちに説くウマルたちにとって、ムジャーヒディーンの昔の仲間たちが悪行に走るのは耐え難い話であった。彼らは悪の権化と化したムジャーヒディーン野戦指揮官たちを成敗するため決起した。偶然その様子を目撃した村人がいた。

その日、ウマルたちを支援する名主ムハンマッド・イサーは、所有する広大なブドウ畑でブドウの木の発育具合や灌漑《かんがい》水路の故障の有無などを点検していた。仕事を終えた彼はキシャーリ村を訪ねた。ウマルたちがマドラサを開設しているモスクの近くまで来ると、七、八メートル先の細い畦《あぜ》道を、ウマルたちがカラシニコフを肩に担いで歩いていくのを見かけた。ウマルを先頭に七人が一列に並んで村を出ていくところだった。思わず、「ムッラー・サーヘブ（お坊様）、どこにお出かけかね」と尋ねた。ウマルは「鬼退治に出かける。ムジャーヒディーンどもが封鎖した道路を開放し、滅茶苦茶になった社会を元どおりにしてやる」と答えた。驚いたイサーは「返り討ちにされるだけだからやめなさい。命を粗末にしなさるな」と、大声を張り上げて諫めた。「だいたい、カラシニコフ数丁だけで、戦車を持っている野戦指揮官とは勝負にならない。殺されるからやめなさい」と、引き留めるために大声を出して説得した。ウマルたちはもう我慢がならないといった風情で、イサーの必死の制止も聞かず、キシャーリ村のモスクを後にした。その後、彼らは二度とキシャーリ村に戻ることはなかった。

キシャーリ村を出たムッラー・ウマルたち七人の若者は、ムジャーヒディーン野戦指揮官たちを襲撃した。初戦に勝った七人のサムライにマドラサの神学生たち「ターリバーン」が参加した。その数は一〇名から一五名、二〇名と膨れてターリバーン運動が開始された。

初戦に勝利したウマルたちは次々とムジャーヒディーン野戦指揮官たちを襲撃した。勢いに乗った彼らは瞬く間にマイワンド郡を掌握した。ウマルたちに続けと若者が続々参加した。マイワンド郡におけるウマルたちの武装蜂起を耳にしたムジャーヒディーン野戦指揮官たちは、ウマルたちを一蹴せんとばかりに戦闘準備を整えた。このときカンダハール市では、イスラーム協会に所属するカンダハール地区軍司令官であったムッラー・ナキブラーと、カンダハール知事であったイスラーム国民戦線に所属するグル・アガー・シェールザイが勢力を二分していた。実際にはグル・アガー・シェールザイ知事の影響力が強くなっていた。当時のカーブルと同様に、ムジャーヒディーン野戦指揮官がカンダハール市内でそれぞれの利益を求めて激しい武力闘争を繰り広げていた。シェールザイ知事に追い詰められていたムッラー・ナキブラー軍司令官は、武装蜂起をしたウマルたちに大量の武器を渡して支援した。その結果、ウマルたちは大勝利を収めることができた。ムッラー・ナキブラー軍司令官のウマルたちに対する支援は、自身の安全を図るためであったと言われる。カンダハールの制圧をめざすウマルたちは、このときのナキブラーの支援に心から感謝した。カンダハール市へ歩を進める足がかりを築くことができたからである。

ナキブラーの支援を受けたウマルたちはカンダハールの町に雪崩れ込んだ。勢いに乗ったウマルたちに、ムジャーヒディーン野戦指揮官たちは次から次へと討伐されていった。わが世の春を謳歌し、拐《かどわ》かした女性や男の子を踊らせ男色を楽しんでいたグル・アガー・シェールザイ・カンダハール知事(ターリバーン政権崩壊後のカルザイ政権時代、カンダハール県知事およびナンガラハール県知事の要職を歴任)も戦い敗れ、敗走してパキスタンのクエッタに逃亡した。一九九四年十一月三日、ウマルたちから始まった武装闘争は、カンダハール市を完全制圧して第一段階を終了した。

その後、同年十二月十一日にはアフガン南部を制圧し、九五年二月には北上してワルダック県を制圧。同月十四日にはカーブル郊外にあったイスラーム党ヘクマティヤール派の根拠地を制圧して首都カーブルをうかがうまでになった。

ウマルたち七人のサムライの武装蜂起は見事に成功した。たしかに彼らの蜂起は、ムッラー・ウマルがイサー地主に答えたごとく、「鬼退治」であり、悪逆非道なムジャーヒディーン野戦指揮官たちを殲滅することにあった。ただし、名主イサーが目撃したようにカラシニコフを携えた七人だけによる蜂起ではなかった。彼らに武器弾薬、資金を与えて支援した人物が存在していた。

ウマルたちが住むマイワンド郡には、麻薬の密売を生業とするハジ・バシャルが居住していた。彼は悪名高いウスタード・アブドル・アリム野戦指揮官から脅迫や強請《ゆすり》を受けていた。アリム野戦指揮

ウマルたちはこのブドウ畑の畦道を通って「鬼退治」に出かけた（キシャーリ村）

官はハジ・バシャルに巨額の金額を要求した。約束が果たせない場合は、美人と評判の女房と娘を差し出せと恫喝した。困り果てたハジ・バシャルはウマルたちを訪ね、自分と家族を守ってほしいと懇願した。その見返りとしてカラシニコフ数丁といくばくかの金がウマルたちに渡された。ハジ・バシャルは単に自分の身を守るためにウマルたちを支援しただけであった。イスラームのため、あるいは社会のためといった崇高な目的を有していたわけではなかった。ハジ・バシャルの家系は代々麻薬を生業としており、イスラームの教えからは遠く離れた犯罪者の一人であった。

その後、アリム野戦指揮官から最後通牒を受けたハジ・バシャルは、恐怖に震え上がった。彼はウマルたちに一〇〇丁のカラシニコフと車一台を与えることを約束して、アリム野戦指揮官の殺害を依頼した。ハジ・バシャルの困り果てた姿を見たウマルは「鬼退治」を決意した。イサー地主が見たのはウマルたちがブドウ畑の畦道を通って「鬼退治」の戦いを開始する直前であった。

ウマルがターリバーン運動の最高指導者として成功を収めると、ハジ・バシャルはウマルの財政支援者あるいは金庫番として、麻薬密売を一手に引き受ける政商に成長した。ターリバーン時代の麻薬の大部分は彼によって取引されたと言っても過言ではない。ハジ・バシャルを通じて、麻薬がターリバーンの資金源となっていったことも事実である。

ウマルたちがカンダハールを陥落させた時点では、ウマルたちの武装蜂起はまだ「ターリバーン運動」とは呼ばれていなかった。ウマルたちの武装蜂起を契機として各地で蜂起したターリブ（神学生）たちがウマルたちに合流したのは事実である。彼らは次々とムジャーヒディーン野戦指揮官たちを殲滅、制圧して治安を回復した。その過程で、運動というかたちに発展していったと思われる。

ここまで見てくると、ターリバーン運動発生の最初の戦いは、ハジ・バシャルがウマルたちに警護を依頼し、ハジ・バシャルを守るための戦いが偶然に開始されたことから始まったと言える。その後、ウマルたちの行動から発生した戦いは燎原の火のように拡大し、ターリバーン運動に発展していったと考えることができる。

実はウマルたちが武装蜂起する以前、一九九四年春、数名のムジャーヒディーン野戦指揮官たちがアフガン南部で密談していた。会合の目的はカンダハールを含むアフガン南部の治安回復にあった。のちにターリバーン政権の首相に任ぜられたドゥラニー氏族を率いる実力者ムッラー・ムハンマッド・ラバニーたちも参加していた。

会合の中心人物であったラジック野戦指揮官は、その後のターリバーンの動きに異議を唱えてターリバーンから離脱した。ラジック野戦指揮官は故国アフガニスタンを離れ、パキスタンのカラチに居を構えた。彼は、ターリバーン創設に当初から関与して指導的な役割を担ってきた。二〇〇一年、彼の自宅を訪れ、離脱した理由を尋ねた。一九九七年、イスラマバードで懇談した際の殺気立った様相とは異なり、老成した雰囲気を漂わせていた。彼は静かに「私たちの目的は乱れきった世を立て直すために決起しただけである。政治的な目的などなかった。いつの間にか誤った方向に向かい始めた。そのため離脱した。今のターリバーンは当初の志から遠く離れてしまった」と語った。首を静かに横に振りながら「誰も権力など求めてはいなかったのだよ」と寂しそうな顔をして私の顔を見つめた。この会合にパキスタンの軍統合情報局（ＩＳＩ）が関わっていたかについて尋ねると、「関与などなかった。純粋にアフガン人による正義を希求する会合であった」と語った。つまり、ウマルたちの蜂起を待つまでもなく、すでに、武装蜂起の計画は着々と進められ、蜂起の合図を待つだけとなっていた。ウマルたちが決起したとき、蜂起の合図であると誤った野戦指揮官たちが呼応した。そのため、同時多発といったかたちで武装蜂起が起こり、カンダハールが陥落したのである。

七人のサムライしか有せず、武装蜂起後も数十名の部下を率いただけのウマルがなぜ指導者として選出されたのか。前述のラジック元野戦指揮官を含む複数のターリバーン関係者はこう語った。カンダハールが陥落した後、武装蜂起を指揮した野戦指揮官たちが今後のことを話し合うため会合を開催した。次の軍事作戦について話し合われた後、誰かが一応代表を決めておいたほうがいいのではないかと提案した。自分たちの武装蜂起が天下を取るほどの勢力に成長するとは、誰一人として思っていなかった。「代表は誰でもいいじゃないか」という発言もあり、メンバーのなかで最も若く、いちばん小さなグループで、人柄も穏和なウマルが推薦されたと語った。

なぜ、若輩で、最弱小グループのウマルが選ばれたのか。その理由はアフガニスタンにおける伝統的な代表の選出方法にあると考えられる。アフガン社会では拮抗する勢力間に抗争が発生するのを避けるため、弱小派閥の長を指導者に選出する場合が多く見られる。この会議でも伝統的なしきたりが踏襲され、無害であると考えられたウマルが選出されたのではないか。実はこの会議にはドゥラニー氏族の有力者ムッラー・ラバニーらの著名な部族指導者が参加していた。権力闘争が起きる危険性を本能的に嗅《か》ぎ取った出席者たちが、いちばん弱小であったウマルを選出したのではないかとも言われている。

こうしたターリバーン運動の成立とその背景から、ターリバーンの突然とも思える出現の理由には、以下のような結論を引き出すことができよう。

ムッラー・ウマルの伝説であるソ連軍との戦闘で眼を失って隻眼になった点については、爆撃の破片によるものであり、ソ連軍との戦闘による名誉の負傷ではなかったことは前述したとおりである。

信徒たちの長に推戴されたが、イスラームの知識は神学生程度であった。預言者ムハンマドの夢見の話にはほぼ信憑性がなく、さらに重要な点として、ターリバーンの指導者に推戴されたのはきわめて偶然の出来事であったと結論づけることができる。

つまり、ムッラー・ウマル自身に神秘性や宗教的な権威を有しているといった事実はなかった。それではなぜターリバーンがこれほどまでの勢力になりえたのか。その理由の一つは、悪事が民衆の我慢の限界を超え、ターリバーンが登場する舞台が整っていた。二つ目は、すでに数名の元ムジャーヒディーン野戦指揮官たちによって武装蜂起が密かに計画されていた。三つ目に、このような状況の中で偶然にウマルたちが蜂起した。それに呼応して武装蜂起が次から次へと発生していった。まさに偶発的な出来事であったと言える。四つ目に、「預言者の夢の神秘性」と「独眼」という身体の瑕疵を持つ指導者を得たことによって、イスラームという大義を錦の御旗に掲げ、宗教的権威を身につけることができた。こうして偶発した出来事による武装蜂起に宗教的権威が付与され、アフガン民衆の心と信頼を勝ち得ることができた、と見ることができる。

先述したように、アフガン社会、とくにパシュトゥーン族の部族社会における社会規範はイスラームとパシュトゥーンワーリーと言われる部族慣習法によって定められている。近親の娘たちが連れ去られ、暴行を受けた場合、家系の名誉、部族の誉れに傷をつけられたことになる。パシュトゥーン族にとって血讐の対象とされる。部族民は誰でもこの聖なる規範に従って行動することが求められている。その行動を実践した男たちに民衆の絶大な声援と支援が送られるのは当然であった。「預言者の夢」と「隻眼」というのは宗教権威を有する者のみが持つ徴である。武装蜂起したグループの指導者ムッラー・ウマルが宗教的権威を有していると民衆が信じたのは、当然の成り行きでもあった。

当時、武装蜂起に参加した野戦指揮官たちや、部族の有力者にとって目前の敵を殲滅することが使命であった。誰も神学生によるにわか作りの武装集団が全国を制覇するとは夢にも考えていなかった。便宜的に指導者に選ばれたウマルのカリスマ性と神秘性は、ターリバーンと呼ばれる集団が軍事的勝利を収め、勢力を拡大するにつれて高まっていった。

ムッラー・ウマルはターリバーン運動の代表に選ばれた。一九九六年四月四日、全国のイスラーム僧侶を招待し、カンダハールにおいて大集会を開催した。この会合でムッラー・ウマルはイスラーム教徒にとっての最高位であるアミール・アル＝ムウミニーン（信徒たちの長）に推戴された。この称号は預言者ムハンマッドの後継者であったカリフ・ウマルが最初に用いた称号でもある。数千人が見守るなか、ムッラー・ウマルはカンダハールのイスラーム寺院に伝わる預言者ムハマッドのガウンを羽織るという驚愕の行動をとった。この儀式により、イスラームについてほとんど無学であったムッラー・ウマルにイスラームの宗教的権威が付与された。この儀式は、一九七八年の軍事クーデター以来喪失していたアフガニスタンにおける宗教的権威の復活を意味した。イスラーム首長国樹立の宣言でもあった。ターリバーン伝説の誕生である。

第五章 ターリバーン考

――アフガン人とは

ターリバーン野戦指揮官たちとの教育論争

アフガン人を知ることは、ここに登場する人たちの戦略を考える上でもたいへん重要なことである。アフガン人の思考方法を知らずして、アフガン紛争の本質に迫ることはできない。ここでは私がターリバーンの人たちと交際した経験をもとに、彼らがどのような考え方を持った人たちであるのか、それを通じて、アフガン人の思考方法について考えてみたい。

ある日、ターリバーンの有力者であるムッラー・ナキブッラー師を同僚の政務官とともに訪ねた。前述したようにムッラー・ナキブッラー師はカンダハールにおける元軍司令官であり、ムッラー・ウマルが武装蜂起した直後から武器を譲渡するなどして支援した。その後もターリバーン運動の有力者としてムッラー・ウマルの私的顧問のようなかたちでターリバーンに参加していた。

彼の自宅は果物の木が取り巻く豊かな耕作地に囲まれた場所にあった。多くのアフガン人の住居と同じく、運動場の半分はあろうかと思える広大な敷地は、身の丈二倍以上の高さの土塀が巡らされた館であった。

大きな木の扉には馬のあぶみほどの鉄の輪が取り付けられていた。私はその輪で扉をたたいて来訪を告げた。しばらくすると下働きの男性と思われる、ターバンを巻いた若者が扉を開けた。彼はズボンをはいた洋装の外国人二人の姿に訝しげな顔をした。彼は「サラーム・アリコム」（「平安あれ」という意味）と挨拶のために手を差し出す私の手を握り、同じように「サラーム・アリコム」と答えながら顎をわずかばかり上げる動作を見せて、何の用事かと尋ねた。「ムッラー・サーヘブ（和尚様）に友人のタカハシが来たと取り次いでくれ」と頼んだ。まだ、訝しげに私たちを見つめる若者に、国連職員であることを告げると、彼は納得したようにドアを閉めて家の中に戻った。しばらくすると、彼は扉を開けて家の中に招き入れてくれた。

広大な敷地の真ん中には二階建ての大きな屋敷があり、前庭にはたくさんのコスモスが咲き乱れていた。そこにはすでにターリバーンの野戦指揮官や神学生と思われる先客が二〇名ほど庭でくつろいでいた。真っ黒に日焼けした顔に、胸元まで届かんばかりの長い顎ひげを生やし、白のターバンを巻いていた。大きな体を黒い民族衣装に包んで、敷かれた絨毯の上にあぐらを組んで談笑していた。大きな枕に上体を預け、ゆったりとくつろぎながらお茶をすすっていた。アフガン人は人種的にアーリア系である。頑丈で大きな体格をし、大きな目を持っている。目の周りにはアイラインをつけている。そのため、顔のなかで目はとくに大きく目立っている。アフガニスタンでは男女ともにアイラインをしているのを見かける。もちろん、小さな子供もアイラインをしている。アイラインをすると目にいいと信じている。そのため彼らは鍾馗《しょうき》様のように大きな目をしている。白黒のターバンと民族衣装はターリバーンのいで立ちである。私たちが「サラーム・アリコム」と挨拶しながら入っていくと、彼らは同じように挨拶を返しながら、突然の異邦人の出現に大きな目で興味深そうに私たちを見つめた。

彼らの脇を通り抜けて母屋に向かおうとする私たちに、そのなかの一人が静かに「おまえたちは何者だ」と呼びかけた。国連職員であると告げると、誰かが「国連はけしからん」と言い放った。その声の主を探すと、それはおれだと言わんばかりに、「国連は内政干渉をしちゃいかんと言うが、国連自身が内政干渉をしている。デタラメな連中だ」と非難の声を上げた。突然非難を浴びせられて立ち往生する私たちを彼らはじっと見つめた。何を言われているのかわからないという風を装いながら立ち止まって「何のことですか」と、私たちはその声の主に訊いた。すると、それまで大きな枕に体を預けて絨毯の上に横たわっていた別の人物が、むっくりと上体を起こした。真っ黒のターバンを着け、白い民族衣装を着けた彼は、頬から顎にかけてびっしり生えた長いひげを手で撫でながら、ゆっくりと「国連はアフガンの子女を学校に通学させせろと言っている。女子供を学校に行かせるか否かはアフガン人が決める問題だ。通学させせろと主張して押しつけるのは内政干渉だろう」と静かに述べた。ドスの利いた貫禄のある声音にほかの人たちの話し声も止まり、全員が興味深そうに私たちの返事を待った。

「たしかに、子女教育の必要性を主張していますが、それは、国連でも別の機関で私たちではありません」と答えると、「国連機関であるのは間違いないだろう。子女を学校に通わせなければ、経済援助を停止するというのは内政干渉そのものだ。女子供に教育を受けさせるか否かはわれわれが決めること。外国人が決めることではない。違うかね」と言った。とっさに私は「いやー、私たちは和平交渉のミッションで教育についてはコメントしようがないんです。たしかに、住民の意思を尊重しないのは内政干渉と思われても仕方がないですね」と答えた。私の回答に満足したのか、彼はふんふんとうなずいて再び枕に上体を横たえた。会話を聞いていた人びとは、内政干渉を認めた私の発言に勝負があったと見たのか、自分たちの雑談に戻ろうとしていた。

私は「コマンドン・ソーヘブ（野戦指揮官様）」と彼に呼びかけた。続けて「みなさんも自分の子供が好きでしょう。とくに女の子はかわいくて大好きでしょう。もちろん、奥さんも大切にしているでしょう。当然のことです。私も家内を大切にしています。病気になったときは私が病院に連れていきます。絶対に男性の医者ではなく女医さんのいる病院で、女医さんに診察してもらいます」と、笑顔を浮かべながら言った。とくに「女の子はかわいくて大好きでしょう」の部分は、彼らの顔をのぞき込むようにした。大半の人びとの反応は無表情だったが、なかには一瞬動揺した人がいたのを私は見逃さなかった。すぐに、「女医さんがいなければ女性は病気を直すことができません。やはり、女性にも教育を受けさせて医者になってもらう必要があると考えます」と真剣な顔で言った。「神様は病気になった女性を治療せず見殺しにしろとは言っていないと思うのですが」と、押しつけるような態度ではなく、共通の問題であるといった風に述べた。私の返事に明らかに動揺が起きた。「私は娘ができたら勉強させて医者にしたいと考えています」と述べた。大きくうなずく彼らの姿に、うまく危機を乗り越えたことを感じた。

彼らに一礼し、同僚の政務官とともに母屋に向かった。ムッラー・ナキブッラー師はドアの前に立ってにこにこしながら出迎えてくれた。大きな体格にだぶだぶな民族衣装を着てターバンを巻いた彼は、抱擁して頬にキスをするアフガン式の挨拶をした。彼はパシュトゥーン族のアルコザイ部族に属し、部族長で対ソ連の戦いではイスラーム協会に所属していた。ムジャーヒディーン野戦指揮官としてカンダハール地方軍司令官まで勤めたという勇壮な肩書きを持つ人物である。その勇猛な肩書きとは逆に、毛深いアフガン人には珍しく薄い顎ひげを生やし、眼鏡をかけ、珍しく日本人のような細い目をしていた。私とターリバーン野戦指揮官たちとのやり取りについては何も言わなかったが、その目は「タカハシ、うまくやったな」と言っているようであった。彼との用談が終了し部屋を出ると、先ほどのターリバーン指揮官たちがお茶を飲みながら談笑していた。

私たちは胸に右手を置いて、彼らに挨拶しながら通り過ぎようとした。すると、そのなかの一人が「先ほどはありがとう。あんたの話を聞いて娘を学校に通わせることにしたよ」と、にこにこしながら言った。ほかの人びとも異口同音に私たちに向かって「タシャクル（ありがとう）」と言葉を投げてくれた。このとき私は、ターリバーンだって話せば理解できる連中なんだと確信した。その確信の中にターリバーンはウルトラ保守主義で凝り固まった無知な連中である、と私が考えていなかったと言えば嘘になる。

ノムースの概念

意気揚々と引き揚げた私であったが、その後、ターリバーンと争うムジャーヒディーンたちとこの話をする機会があった。「ばかなターリバーン」というコメントを予想していた私は正直、彼らの反応に驚いた。先ほどまで私の冗談に笑い転げていた野戦指揮官たちが、このターリバーンの話には何も言わず黙ってしまった。なかには私の話を無視して次の笑い話を催促する指揮官さえいた。私はパシュトゥーン族の考え方に精通していると考えていた自分が誤っていたことに気づいた。

パシュトゥーン族の部族慣習法パシュトゥーンワーリーとは「パシュトゥーン族らしさ」あるいは「パシュトゥーン族たること」「パシュトゥーン精神」といった意味である。そこにはパシュトゥーン族としてどうあるべきかが語られている。先ほどのターリバーンの「女子供を学校に行かせるか否かはアフガン人が決める問題だ。通学させろと主張して押しつけるのは内政干渉だろう」との主張をパシュトゥーンワーリーから読み解いてみると次のようになる。

パシュトゥーンワーリーのなかに「ノムース」という言葉がある。パシュトゥーン族にとって非常に重要な言葉で、「ノムース」はパシュトゥーン族として死を賭けるほど重要な守るべきことを意味する。「ノムース」という言葉を翻訳すると、「名誉」あるいは「誇り」といった言葉とよく似ている。その反対の言葉が「ベ・ノムース」である。「ベ」は否定の際に使用される助詞で、「ベ」が加わると「ノムース」を有していないという意味になる。「ベ・ノムース」とは、名誉や誇りを有していないといった意味になる。ただし、「ノムース」は活用範囲がたいへん広い。とくに相手の家族や一族の女性成員に関する事柄に触れることは、相手の「ノムース」を汚したこととされる。日本をはじめとする欧米諸国では通常の挨拶で「ご家族によろしく」あるいは「奥様によろしくお伝えください」といった挨拶は、礼儀正しい振る舞いとされる。だが、アフガニスタンにおいて相手の家族の女性成員について尋ねることは、相手の「ノムース」を汚したこととされる。当然、「ノムース」を汚された相手は恥辱を雪《すす》ぐ必要が生じる。恥辱を雪がなければ「ノムース」を有しない「べ・ノムース（誇りのない）」な人間と言われ、人間として最低であるとのレッテルが貼られる。このようにパシュトゥーン人にとって「ノムース」はアフガン社会で生きていく上で非常に重要な言葉となっている。

ターリバーンの野戦指揮官たちにとって、国連機関あるいは国際社会による婦女子の教育のみならず、婦女子について云々することは「ノムース」の概念に抵触し、絶対に受け入れられない要求ということになる。もちろん、女性に教育を与える必要などないといった極端なことを唱える人びとがいることも事実である。この場合、ターリバーンにとって最も重要なのは、自分たちの女性が話題とされること自体「ノムース」の概念に抵触するということだ。守るべき対象である自分の「ノムース」が汚され「べ・ノムース」の汚名を着せられることを最も恐れ、怒った。つまり、ターリバーンの野戦指揮官たちを憤慨させた大きな理由は「ノムース」にあった。

他方、国際社会は、婦女子に教育を受けさせることを拒否するターリバーンを女性の人権を無視した頑迷で無知な人びとであると非難する。ターリバーンは婦女子教育の是か非かを議論しているわけではなく、自分たちの「ノムース」が汚されることに憤っていたのである。つまり議論がまったくかみ合っていないのである。

私自身、前述したターリバーン野戦指揮官たちとのやり取りで、明らかに国連や国際社会の立場から彼らを説得しようとしていた。「ノムース」が汚されることに憤っていた彼らに対し、私は「(家内が) 病気になったときは私が病院に連れていきます。絶対に男性の医者ではなく女医さんのいる病院で女医さんに診察してもらいます」と答えている。彼らはこの回答で、男性医師だけの病院では自分たちの前に「ノムース」が立ちはだかっている。しかし、女性医師であれば「ノムース」が汚されることはない。つまり、「ノムース」を守るために女性医師が必要であり、そのために女性に教育を与える必要があることを理解したのである。一方、私は彼らの考え方のプロセスを知らず、「男女席をおなじうせず」の頑迷で無知蒙昧な人びとを説得できたと有頂天になっていたことになる。

とくに女性に関し「ノムース」という概念が適用された場合、その適用範囲は通常より幅広く、われわれの理解を超えるものを持っている。ムジャーヒディーンがアフガニスタンにおいて対ソ連戦を戦っていたとき、日本政府は戦傷者治療プロジェクトを支援していた。イランやパキスタンといった近隣諸国では治療が困難な戦傷者を、日本で治療するというプロジェクトである。戦傷者の多くは男性が多かったが、空爆による女性の戦傷者もいた。そのため、女性だけの治療を実施するプロジェクトを国連機関が作成した。日本政府は彼女たちの治療のために、六カ月間の査証を発給することとした。ところが、女性の治療対象者だけを外国で治療させることは、アフガン人の男性にとって「ノムース」の概念が邪魔して希望者は一人もいなかった。この国連機関は、「ノムース」を汚されないための装置として、家族の男性成員が付き添い人として同行するという方法を考え出した。つまり、家族の男性が付き添うことによって家族以外の男性との接触をコントロールする。その結果、希望者が増え、プロジェクトの実施が可能となった。なかにはパキスタンやイランといった近隣諸国での治療なら許可するが、日本を含む欧米諸国での治療はたとえ家族が付き添っても治療は必要ないとして拒否した例もあった。このまま治療を受けなければ失明する少女に対し、少女の父親は付き添いを拒んだ。異教徒の国で治療を受けるなど言語道断。まして、娘を異教徒の医師にさらし、「ベ・ノムース」の汚名を着せられることを最も恐れたのである。

この「ノムース」の考え方は、パシュトゥーン族のみならず、多くのアフガニスタンに住む人びとの共通の考え方として存在している。

ターリバーンは一九九六年九月、首都カーブルを陥落させた。誰もがターリバーンによる全国制覇は時間の問題だと思った。米国は国務省高官を派遣してターリバーンの最高指導者ムッラー・ウマルと接触しようと試みた。その話を耳にしたムッラー・ナキブッラー師は、ムッラー・ウマルのところへ出かけた。米国は対ソ連との戦いで、ムジャーヒディーン勢力を支援し、米国の支援なしではムジャーヒディーンは勝利することができなかったと伝えた。さらに、米国政府の女性高官がターリバーンの最高指導者と面談したいと希望している意味は、ターリバーンを承認することにつながると述べ、ぜひ会見すべきであると助言した。ムッラー・ウマルはナキブッラー師の助言にうなずいた。彼は大幹部たちに米国政府女性高官との面談を指示した。ウマルの指示を受け、大幹部たちは協議した。当時、ムッラー・ウマルの顧問で、最も若かったワキール・アフマッド・ムタワキル師にこの役目が押しつけられた。女性高官はムタワキル師と面談した。これを聞いたナキブッラー師はターリバーン大幹部たちを再び訪れた。そこで「正統政府に認めてもらうチャンスを自ら放棄しているではないか」と苦言を呈した。押し黙る大幹部たちに、彼はその理由を問い質した。大幹部たちは「イスラームでは見知らぬ女性に会うことは禁じられている」と、ぼそぼそと異口同音に述べた。ナキブッラー師はこれを聞いてあきれ返り、「イスラームではそんなことを言っちゃいない。男性が女性より偉いなどと言うことはない。だいたい、男は女性の体から産まれるもの。何を寝ぼけたことを言っているんだ」と述べた。

笑い話のような話に、私はナキブッラー師にその事実を確認した。彼はにこにこしながら「本当の話だ」と述べた。「男は女性の体から産まれる」と言ったとき、彼らはどんな反応をしましたか」と私はナキブッラー師に尋ねた。彼は一言「頑固な連中だよ」とだけ述べた。

実はここでも「ノムース」の概念がターリバーン大幹部の心を支配していたことがわかる。見知らぬ女性に会って相手の「ノムース」を汚した場合、自分たちが「ベ・ノムース」という汚名を着せられることになる。彼らにとってこれは耐え難く、どうしても避けなければならないことであった。こうした行動から彼らを分析すると、自分たちの価値観に対し頑固なほど忠実であることが判明する。

私が在パキスタン日本大使館に勤務していたことはすでに述べた。私の任務の一つはアフガニスタンでソ連と戦うムジャーヒディーンに接触し、彼らの作戦、動向について報告することにあった。

ある日、大使館に出勤してまもなく、自宅のアフガン人の使用人から客が来訪したとの連絡を受けた。旧知のムジャーヒディーン野戦指揮官たちであった。急いで自宅に戻り、彼らから前線の状況を聴取した。まだ時間があるのでしばらく休息したいという彼らを残して私は大使館に戻った。昼食のため自宅に戻ると使用人の若者たちが、彼らはとんでもない連中だと口々に言う。理由を質すと、私が大使館に戻った後、台所に入り込み、酒はないか、食い物はないかと物色したあげく、ほかの部屋にまで入ろうとしたというのである。私は彼らが基地としているパキスタン北西辺境州にあるペシャワールの事務所に電話をした。そして、自宅への出入り禁止を伝えた。また、「これまで君たちの自宅に何度も招かれたが、台所に入り込んだり、女性の居住地区をのぞいたり、入り込もうとしたことは一度もない。わが家で傍若無人な振る舞いをしたことは絶対に許せない。君たちが貴重な戦線状況を教えているので、タカハシには貸しがあると思っているなら大間違いだ。私は君たちと対等である。ほかの外国人と一緒にするのは許さない。大きな勘違いだぞ」と伝えた。彼は私の言葉にしどろもどろとなり、「今からイスラマバードまで行ってお詫びしたい」と述べた。「そんな必要はない。二度と顔を見せなくていい」と言った。

　実はここでも「ノムース」という概念が大きく関わっている。当時、ソ連と戦うムジャーヒディーンに感動する多くの欧米人は、外交団も含めペシャワールを訪れてムジャーヒディーン事務所を訪問した。女性連れで訪れる外国人にムジャーヒディーン野戦指揮官たちは、欧米人は「ノムース」を有していない「べ・ノムース」であると思った。なぜなら、平気で妻をほかの男性に紹介するのは「べ・ノムース」の男性以外にあり得ないからである。彼らはこうした外国人を「誇りのない男《べ・ノムース》」「価値のない男《べ・ノムース》」と評価していた。ところが、私の対応が異なったことに気づいたのである。私に

「（あなたたちの）女性の居住地区をのぞいたり、入り込もうとしたことはない」と言われて大いに驚いた。彼らは私の「ノムース」を犯したことに気づいたのである。謝罪のために再び、車で三時間かかるペシャワールからイスラマバードに来るというのである。その後、彼は戦死するが、そのうちの一人は二日ほどして大きな果物かごを抱え、謝罪のために私の自宅を訪れた。それ以降、彼の私に対する対応がアフガン人に対するのと同様に丁寧になったことは言うまでもない。

この事件があった後、ペシャワールに出張する機会があった。多くの野戦指揮官が懇談する場所に案内された。絨毯の敷かれた大きな部屋で、壁に寄りかかりながら出されたお茶をすすっていた。すると、そのなかの一人が、私を横目で見ながら、私に出入り禁止を受けたアフガン人に向かって、「おい、やつの女房を見たことがあるか」と尋ねた。失礼なやつだなと思っていると、出入り禁止を受けたアフガン人が即座に「タカハシはノムースを有している人物だ」と答えた。「ノムースのない人間は価値がない」と、私はぼそっとつぶやくように言った。その野戦指揮官は驚いた表情をした。彼の目が瞬く間に尊敬のまなざしに変わった。一座の雰囲気が一気に変わった。それまで雑談に興じていた野戦指揮官たちは、私がこの部屋に入ってきたときから私の一挙一動に耳をそばだてていたのである。その後、彼らは一人ひとり私のところに来て、自己紹介を始めた。私を対等な一人の男、つまりアフガン人として認めたからである。というよりも、同じ伝統文化を共有する人物であると認識したからであった。出入り禁止を受けたアフガン人は率先して野戦指揮官たちに、私を友人として紹介した。それはまるで、私の友人であることが誇りであるというような紹介の仕方であった。私は彼らから大きな信頼を勝ち得た。その後、私に戦線の状況を率先して報告してくれるようになったのは言うまでもない。

ここで私が答えた「ノムースのない人間は価値がない」の「ノムース」には、これまで説明してきた「ノムース」の意味より幅広い意味が含まれている。この「ノムース」には男としての尊厳、責任感の強さ、戦場での勇気といったさまざまな要素が含まれている。そのため、ターリバーンの野戦指揮官たちは私の怪我の功名の名回答に感動したわけである。ただし、私が「ノムース」に伝統的、文化的な、より広い背景と意味があることに気づいたのはだいぶ後になってからであった。

自爆テロの正当性

「自殺行為を否定するアフガン社会で、自爆テロを敢行するのはイスラームの教義や伝統文化に反しているのではないか」とターリバーン野戦指揮官に尋ねたことがあった。彼は即座に「それなら空爆によって一般民衆を殺害するのは正しい戦いの方法か。国連の言う人権の無視ではないのか」と反論した。「問題があるのは理解するが、自爆テロを敢行する理由にはならないと思う」と答えた。彼は「違う。敵が卑劣な手段で戦いを挑んできた場合、それと同様に、あるいはそれ以上の戦い方をするのは当然の権利である。許される行為だ」と反論した。さらに「ターリバーンは戦闘機に対してカラシニコフで戦っている。これが平等な戦いか。われわれは、それを上回る戦いの仕方でしか勝てない。それが自爆テロという方法だ。日本も米国と戦った際、同じ自爆テロを敢行したではないか」と言った。

英国がアフガニスタンを統治していた時代、英の治安当局がアフガン人を逮捕した。それに対し、アフガン人はまったく関係のない英国人を誘拐したり、財産を奪ったりして対抗したケースが見られる。そのときもアフガン人は、こうした方法は当然の権利であり、正当であると主張した。自爆テロをパシュトゥーンワーリーに適用して読んでみると、ターリバーン野戦指揮官の主張が当てはまることに気がつく。

それでも私は「自殺はイスラームでは禁止されている」と食い下がった。ターリバーン野戦指揮官は「自殺は個人的な行為である。自爆テロは祖国防衛、イスラームの防衛という次元の異なる行為である。この行為は、非常に名誉なことで、祖国防衛のための『シャヒード（殉教）』は天国へ召されることが約束されている」と言った。私には反論することができなかった。

ターリバーンというより実はパシュトゥーン族は、このようにさまざまな点で欧米諸国の価値観とは非常に異なる価値観を有している。パシュトゥーンワーリーには、すでに見てきた「ノムース」という考え方だけでなく、「バダル（復讐）」という考え方もある。彼らにとっての復讐は、百年かけても果たさなければならない義務である。これが果たされない場合、「ベ・ノムース」と嘲《あざけ》られることになる。アフガン人の心情の核を構成する部分が「ノムース」や「バダル」といった、パシュトゥーンワーリーに代表されるアフガン人の行動規範にあると言うことができる。

カーブル大学留学時代、「恥辱を受けたら相手の血で、その恥辱を拭えと教えられて育った」と誇らしげに語っていたアフガン人の同級生がいた。「誇り」や「復讐」といった、近代的な考え方からは遠く離れた考え方である。こうした人びととの戦いがアフガニスタンにおける戦争である。ソ連はアフガニスタンにおける戦争で自らの〝帝国〟を崩壊させるに至った。古くはイランのサファヴィー王朝をはじめ、多くの帝国がアフガニスタンに関わった。そして、崩壊の憂き目に遭っている。アフガニスタンを帝国の墓場と言わしめるゆえんでもある。

第六章

九・一二事件の序幕

——マスード司令官暗殺事件

暗殺の第一報

「マスード司令官遭難」。その第一報が入ったのは、タジキスタンの首都ドゥーシャンベにある自宅でくつろいでいるときであった。その日はタジキスタンの独立記念式典が二日間にわたって盛大に開催されていた。

タジキスタンにおける内戦は一九九二年に始まり、九七年六月、和平交渉が合意に達して終了した。交渉が成立したとはいえ、平和への道は険しく、新政権において十分な処遇を得ることができなかった「不平士族たち」は異を唱えた。政府側と政治的不満分子との間に誘拐、暗殺といった激しい暗闘が続けられた。政情不安を利用した犯罪グループによる一般犯罪も、増加の一途をたどった。市民が安心して眠れる日は皆無であった。

最後の大規模な戦闘が起きたのは、二〇〇一年六月二十一日夜であった。首都ドゥーシャンベから一〇キロ離れた郊外で開始された。たびたび政府職員を人質に取って無法な要求を掲げる元反政府野戦指揮官一味を殲滅することを政府は決定した。政府とヒトラーの異名を持つラフモン・サンギノフ野戦指揮官との戦闘は次の日も続いた。戦闘が長引くにつれ、サンギノフ野戦指揮官に呼応する過激派分子が集合し始めた。こうした不穏な動きのなか、政府軍の懸命の攻撃と追撃により戦闘は終息した。政府軍はこれを契機に、これまで野放しとなっていた不穏分子を一挙に掃討した。治安状況は瞬く間に改善されていった。

当時の私は、タジキスタンの和平工作の途中で凶弾に倒れた故秋野豊政務官の後任として、国連タジキスタン和平構築事務所（UNTOP）に出向していた。

この日、イボ・ペトロフUNTOP代表は休暇中で、私が代理として独立記念式典に招かれていた。レセプションは夕刻まで続いた。延々と続くウォッカによる乾杯と独立の祝辞を述べる多くの招待客――。果てしなく続くと思われた祝宴にもようやく幕が下りた。私はほっとしながら事務所に戻った。

折よくアフガニスタンからドゥーシャンベに出張中の国連アフガニスタン特別ミッション（UNSMA）首席軍事顧問のケント大佐と、ドゥーシャンベ分室に勤務するイラリオノフ中佐に出会った。ケント大佐はスウェーデン国軍から、イラリオノフ中佐はウクライナ軍からの出向者であった。彼らはアフガン情勢に関する情報収集を行っていた。休日なのにどこに行っていたのだと訝しげに尋ね、ウォッカを浴びるほど飲まされたと説明すると、「それはちょうどいいところで出会った。飲みに行こう」と連れ出された。

私が国連アフガニスタン特別ミッションに勤務していた当時、情報収集のため二度にわたってドゥーシャンベを訪れた。そのときのアフガン情勢も、全国制覇をねらうターリバーンと、マスード司令官率いる連合戦線がしのぎを削る戦いを展開していた。そんな経緯もあり、彼らから誘いを受けて、夕闇に包まれつつあった町に再び出かけた。

私たちは野外レストランに陣取って、戦いのない日を心から満喫している人びとを眺めながら盃を上げた。ただ、早朝からの独立式典、軍事パレード、多くの催物への参加という長い一日に、私は消耗しきっていた。緊張感を解放するウォッカは疲労感を一挙に高めた。「疲れた」と何度もつぶやく私に彼らは同情して、解放してくれた。自宅のアパートに戻ったのは八時頃であった。

ウォッカ漬けにされ、疲れきった体を横たえて、テレビのスイッチを入れた。今日の独立式典の模様を伝えるニュースが報じられていた。ぼーっとしながらテレビ画面を見ていると、電話が鳴っているのに気がついた。受話器を取った私の耳に聞こえてきた報せは、平和を満喫するタジキスタンを奈落の底に突き落とす響きを持っていた。

「マスード司令官が襲撃されたという情報がある。事件の詳細について知りたい」。受話器から友人の声が聞こえた。最初、私は聞き間違いだと思った。「えっ！　何だって？」と訊き返した。彼は急《せ》き込むように「マスードが襲われたという噂がある」と言った。「承知していない」と答えながら、私は瞬時に、いちばん恐れていたときが訪れたことを感じた。私は「いつ起きたのか。場所はどこか。事故か。事件か。どのような噂なのか」と、心を落ち着かせながら矢継ぎ早に尋ねた。友人は彼自身の質問が嘘であると願うかのように、「本当に知らないのか」と何度も何度も繰り返した。彼にとっても信じられない情報であり、可能であれば信じたくなかったのであろう。「負傷だけなら問題ないはずだ」と私が答えると、ほっとしたように、「たしかに、死亡したとは聞いていない」と返答した。彼は手短に噂の詳細を説明してくれた。「ぜひ君の方でも至急確認してくれ」と付け加えるのを忘れなかった。私は数分後に連絡すると約束した。「当然だが、この情報は一切漏らすべきではない。たとえ死亡していたとしても、マスードの死によって起こる大混乱に備え、お互いに時間を稼ぐことが必要だ」と私は伝えた。電話口の向こう側で相手が強くうなずくのを感じた。

お互いの心中は語らずとも明白であった。反ターリバーン勢力の実質的最高指導者であるマスード司令官が倒されれば、ターリバーンの軍事攻勢を受けた反ターリバーン勢力は瞬く間に雪崩を打って崩壊する。それが何を意味するか。私は、情報が間違いであることを祈りながら、アフガン情勢に再び大きな変化が訪れたことを知った。アフガン紛争を根底から揺るがす大事件の予兆におびえた。私は一呼吸した後、マスード暗殺確認のために再び受話器を握った。

国連機関の対応と米国による情報漏洩

マスード遭難事件を確認する合間を縫って、私はアパートを飛び出した。「マスード司令官が襲撃された。生死不明。大至急、事実確認と国連本部に連絡する必要がある」。私の言葉にケント大佐とイラリオノフ中佐のほろ酔い機嫌も吹き飛んだ。国連本部へ報告するため、彼らはレストランを飛び出した。

タジキスタンに駐在する各国連機関は、カハネ国連開発計画（ＵＮＤＰ）事務所長が調整官を勤めていた。あいにく彼も欧米への出張のためウズベキスタンの首都タシケントに向かって車を走らせていた。自宅に戻った私は衛星電話で緊急事態発生をカハネ調整官に知らせた。彼は即座に「出張をキャンセルすべきか」と尋ねてきた。「キャンセルするか否かはあなたの判断による。もし、マスード司令官が死亡したことが明白になった場合、ターリバーンによるアフガニスタン制圧は時間の問題である。最低限、アフガン避難民のタジキスタン流入に備え、緊急事態対応計画を作成すべきである」と答えた。カハネ調整官は「すでに計画はできている。大丈夫だ」と返答した。私は「数千人あるいは数万人のアフガン避難民が雪崩れ込んでくる恐れがある。とくにマスード司令官の根拠地であるパンジシェール峡谷には多くの地元住民が生活している。ターリバーンの報復を恐れる地元住民が家族を連れて、雪崩のようにタジキスタンに流入してくる可能性がある。その作成済みの計画の避難民数の見積もりは何人か」と訊いた。彼は「数百人の規模だ」と述べた。「わかった。緊急に会合を開催して、計画を見直すよう指示を出す」と答える彼の声が聞こえた。私は「会議でマスード司令官の遭難事件に触れることは一切できない。もし、この情報が流出した場合、ターリバーンは一挙に攻撃を強め、連合戦線の前線が崩れる時間が早まる。われわれはアフガン避難民流入までできる限り時間を稼ぐ必要がある。いずれにしろマスードが率いる連合戦線は、前線が崩れるのを恐れ、マスード司令官遭難の発表を控えるはずである。国連もこの事件については一切、口を閉ざし、事件を承知する人数を限定して箝口令を敷くべきである」と一気にまくし立てた。カハネ調整官は静かに私の話を聞いた後、「すべて了解した。直ちに調整官代理に連絡し、緊急会合を開催するよう指示する。マスード司令官遭難事件については君と私が承知しているだけで十分だ。ドゥーシャンベには戻らないので、後はよろしく頼む」と言って電話を切った。

電話を切るとほぼ同時に、UNSMAのケント大佐からの電話が鳴った。イスラマバードのUNSMA本部およびニューヨークの国連本部にマスード司令官遭難を報告したと彼は述べた。その上で、ドゥーシャンべにあるアフガン大使館に確認したが、遭難事件そのものをまったく承知していない可能性があると語った。また、相手に妙な対応も見えたので、箝口令が敷かれている可能性も高いと答えた。

私は受話器を置くとすぐ衛星電話を取り、連合戦線の大幹部であるハジ・カディール野戦指揮官に連絡した。彼はパシュトゥーン族のアフマッドザイ族の有力者としてアフガン東部に大きな影響力を有する野戦指揮官であった。のちに、カディール野戦指揮官は二〇〇二年、カーブルで開催された緊急ロイ・ジェルガにおいてカルザイ政権樹立に多大な貢献をし、第一副大統領兼公共事業相に任命されるが、同年七月、何者かによって暗殺される。

カディール野戦指揮官は、マスード司令官が所属するイスラーム協会とは異なるイスラーム党ハーレス派に所属していた。アフガン東部でターリバーンの攻撃を受け、敗れたことから、マスード司令官の呼びかけに応じて連合戦線に参加していた。彼はマスード司令官の信頼が厚く、私とは旧知の仲でもあった。また都合のいいことに、アフガン東部における武装蜂起計画の責任者として最前線で指揮を執るため、マスード司令官の根拠地に滞在中であった。私からの電話にカディール野戦指揮官は「タカハシ、日本政府もようやくおれを日本に招待してくれるのか」と冗談を飛ばした。互いに日常的な挨拶を交わした後、私は前線に異常はないか、彼の武装蜂起計画の進み具合など、何か変わった動きがないかと尋ねた。彼は「計画はうまくいっている。順調だ」と回答すると、「何か起きたのか。こちらでは何もないよ。何か起きたら連絡してやるから心配するな」と、いつもの調子で語った。彼の返答にはまったくよどみがない。私は彼が嘘をついていないと確信した。これで、連合戦線の最前線にはマスード司令官遭難の報せが伝わっていないことが明白となった。

これから起こりうるシナリオとその対応策を求めて、私の頭の中は目まぐるしく回転した。そのわずか数分の間、左手は受話器に置かれたままになっていた。電話の鳴る振動が左手に伝わり、私はわれに返って受話器を耳に当てた。死亡確認を依頼しておいたアフガンの友人からであった。彼は急き込むように「タカハシ、事件が起きたのは間違いない。死亡は確認できなかった」と報告した。負傷したのは間違いないかと尋ねる私に、「ほぼ間違いない。厳重な箝口令が敷かれている。誰も事件が起きたことすら知らない。マスードの側近ですら知らなかった」と答えた。負傷の程度について尋ねる私に、「軽傷という感じではなかった」と述べた。連合戦線の大幹部でもある彼は「いずれにせよターリバーンは大攻勢をかけてくる。たいへんな事態になった」と言って溜息をついた。「ターリバーンの攻勢にいつまで耐えられるか」と尋ねた私に、「三日か、長くて一週間。あるいはそこまでもたないかもしれない」と彼は答えた。「国連はどうする」との質問に、「アフガン避難民の大量流入に対処する準備を一刻も早く進める。時間との勝負だ。絶対に情報が漏れないように厳重な箝口令を敷いてほしい」と頼むと、彼は「わかった」と言った。

話を終えた私は、再び受話器を取り上げて、マスード司令官遭難の第一報を知らせてくれた友人に電話をし、「負傷は間違いない。傷の度合いによっては死亡の可能性もある」と知らせた。私の報告を聞いた彼は「やはり事実か。どこに連絡しても誰も知らない。君が確認できたならマスード司令官負傷は間違いない。われわれは最悪のシナリオにぶち当たったようだな」と述べた。私は「負傷の度合いにもよるが、満足な治療は現地ではほとんど不可能に近い。つまり、死亡の可能性が高い。われわれはターリバーンがアフガン全土を制覇することを考えながら対処するしかない」と伝えた。そして「一挙に中央アジア諸国も政情不安に巻き込まれるだろう」と付け加えた。

翌日の十日朝、六時に目覚めた私は昨晩から考えていた行動を開始した。七時になるのを待ち、米国大使館の次席に電話をした。早朝で申し訳ないと謝りながら、大事な話があるのでUNTOP事務所にお越し願いたいと頼んだ。彼は私のUNTOP事務所のオフィスに来ることを快諾した。私も急いで事務所に向かった。ほどなく米大次席が現れた。私は彼にワシントンに伝える以外絶対に口外しないことを約束させた上で、マスード司令官の負傷事件を語った。その上で、予想されるタジキスタンへのアフガン避難民流入に対する国連機関への食糧、テントおよび衣料などの支援を要請した。彼は私の要請にできる限り協力すると約束した。にっこりと笑顔を浮かべながら、「間違いなくヒロシの要請は受け入れられる。たいへん重要な情報提供に礼を述べる」と言って、足早に私のオフィスを出ていった。

彼を見送ってすぐ、UNTOP事務所から、カハネ調整官代理を務める国連難民高等弁務官事務所長（ＵＮＨＣＲ）を訪問した。彼は突然の来訪にもかかわらず、「カハネ調整官から緊急事態対応計画の練り直しを早急に実施しろと指示された。ＵＮＴＯＰのタカハシと密接に調整しながら大至急作成しろとも言われたよ」と述べ、君のオフィスに出向こうとしていたと言いながら、自席を立って所長室に迎え入れてくれた。私は礼を言って客用のソファに座るなり、新たな緊急事態対応計画はいつ作成できるかと尋ねた。彼は、新たな計画作成にあたっては、国連機関の全体会議で承認を得る必要がある。カハネ調整官が急いで作成しろと指示したのでこの際、改定案はＵＮＨＣＲが作成し、一回の会議で一挙に承認を受けるようにする、と大きな理解を示してくれた。彼は計画を見直すことになった理由について聞きたそうであった。私は計画の見直しについて、「情勢の変化にいつでも対応できるようにする必要がある。そのため、カハネ調整官と相談して見直すことを決定した」と説明した。彼は私の目を見つめ、じっと聞きながら私の意図を看取しようとした。彼は「わかった」とだけ言い、毎週一回開催される定例会議でこの議題を取り上げると告げた。

その日も通常と変わらない勤務を続けた。ただ、変わったことと言えば、ケント大佐とイラリオノフ中佐が頻繁に私の部屋を訪れたことであった。ケント大佐とイラリオノフ中佐は連合戦線の事務所やアフガン大使館を何気なく訪問し、意見交換と称して事務所に居座り、出されるお茶を飲み干しながら彼らの動静を探った。ＵＮＴＯＰ代表代理を務める私はあまり事務所を留守にできない。事務所から関係者に連絡して情報を入手することもできない。なぜなら、隣の部屋にいるタジク人秘書に会話を聞き取られる恐れがあったからである。私は、自宅で書類整理があるので用事がある場合は自宅に連絡するように秘書に伝えて、自宅に戻った。

自宅では衛星電話にかじりついて情報収集に集中した。ターリバーン関係者に電話をし、日常的な挨拶を交わした後、ターリバーン側に変わった様子がないかと尋ねた。彼は別段変わった様子はないと答えた。「戦線の動きは？」「ターリバーン指導者ムッラー・ウマルの動静は？」と質問した。「何もない。カーブルとヒンドゥークシュ山脈の間に広がるシャモリー平原の戦線は相変わらず膠着状態だ。ターリバーンは何とか前進しようとしているが、連合戦線の頑強な抵抗に遭って少しあせっている」と答えた。次に、ターリバーン幹部との連絡係をしている友人に連絡した。久しぶりの連絡に無沙汰を詫びて、ターリバーン幹部から私宛の連絡がなかったかどうか尋ねた。すると、その友人は二カ月ほど前、大至急連絡をとりたいと言ってターリバーン幹部が連絡をよこしたと述べた。どんな用事であったかを尋ねた私に、彼は「大事な話がある」と言っていたと語った。頭の隅に「何かが起きていた。何だろう」という疑問がわいた。何かがある。何だろう。私は自問自答しながらパズルが埋まらないもどかしさを感じた。

電話を終えると秘書からの電話が鳴った。彼女はイラリオノフ中佐が、すぐではないが話をしたいと言っていると述べた。時計を見るとすでにお昼になろうとしていた。昼食にマスード司令官の側近を招待していたことを思い出して自宅を出た。待ち合わせ場所のレストランで昼食をとりながら戦線の状況を聞いた。さらに、マスード司令官がドゥーシャンベに来た際は、ぜひ面談したいのでアレンジしてほしいと頼んだ。彼はいつもと変わらぬ様子で淡々と私の質問に答えた。彼は何も知らない、と私は判断した。彼と別れると、今度はマスード司令官の甥を訪ねた。彼の様子もいつもと変わらず、連合戦線のターリバーンとの厳しい戦いについて語った。彼は何か隠していると私は直感的に感じた。彼の語り口はどこか上の空であった。戦闘が激しくなっていると説明する彼の情報と、私が入手した戦線の情報には齟齬があった。私は間違いなく箝口令が敷かれていることを感じた。その後、タジク反政府の元野戦指揮官を訪ね、タジキスタン国内の動きに変化があるかどうかを探ろうとした。彼の言葉からは何の変化も見出せなかった。次に、ウズベキスタンの反政府勢力であるウズベキスタン・イスラーム運動（ＩＭＵ）の動きに詳しいジャーナリストを呼び出した。ＩＭＵの指導者で、一九九九年八月、キルギスにおいて日本人鉱山技師を拉致したジュマボーイ・ナマンガニーの消息を尋ねた。ここでも何の動きもないことがわかった。

オフィスに戻るとＵＮＳＭＡのイラリオノフ中佐がやってきた。タジキスタンに駐在するロシア軍の動きを調べるように依頼していた私に対し、彼は何の動きも見られないと語った。相変わらずアフガン大使館も静かであると知らせてくれた。しばらくしてケント大佐がオフィスに入ってきた。私たちは各自の情報を持ち寄って、素早く情勢分析を行った。ケント大佐からはパキスタン側の情勢が報告された。「表面から見る限り情勢の変化はまったく見られない。それでも何か様子が違う。間違いなく何かが起きている。いつも饒舌な連合戦線の連中があまり話したがらない。そのなかの一人は声を潜めて、何か起きたようだが誰も知らない。国連は何か知っているかと訊いてきた」と語った。われわれは箝口令が出されていると結論を出した。問題は彼らの箝口令がいつまでもつかにあった。

「私はタジク反政府勢力のなかにターリバーンにシンパ的な連中もいる。彼らは情報網を張って、連合戦線のわずかな動きも見逃すまいとして見張っている。察知される恐れは十分ある。箝口令が破られる期間は長くて一週間。短ければ五日間であろう。そこから逆算するとターリバーンの大攻勢は短くて六日後か一週間と見ておいた方がいいだろう。うまくもって一〇日間」。ケント大佐は私の顔をまっすぐ見て、「その間にアフガン避難民の受け入れ態勢はできるだろうか」と尋ねた。逆に私は「ターリバーンの攻勢を受けて連合戦線は何日間持ちこたえることができるだろうか」と質問した。彼は「われわれの結論は長くて一週間、最悪の場合、連合戦線は二、三日で総崩れになる可能性がある」と答えた。「つまり最悪のシナリオでいくと箝口令が五日間、戦線は二日間持ちこたえる。合計して一週間しかない」と私は結論づけた。ターリバーンが一週間後に全土を制圧したら、UNSMAの役目も終了だなと軽口をたたいた。イラリオノフ中佐は自嘲気味に苦笑いしながら、「UNTOP事務所にある私のオフィスも店じまいだな」と答えた。ケント大佐は、余計なことかもしれないがタジク政府への対応はどうすると訊いてきた。私は「駐タジキスタンの国連機関がタジク政府とアフガン避難民受け入れにつき交渉することになる。当然、タジク政府は避難民の受け入れを嫌がるだろう。もし、避難が遅れてターリバーンによって避難民が虐殺された場合、人道問題に発展する。タジク政府が国際社会から非難を受けることを考えた場合、受け入れるだろうと考える」と答えた。

国連機関の定例会合は予定どおり開催された。カハネ国連調整官代理であるUNHCR事務所長が会議を主宰して、議事は通常どおり進行した。議長は最後の議題として緊急事態対応計画の見直しを提案した。すると予想どおり、なぜいま見直しをする必要があるのかという質問が相次いだ。議長は私に約束したとおり、「情勢の変化に対応できるように定期的な見直しが必要だ」と説明した。彼は私を見た。うなずく私に彼は「詳細な政治情勢については、UNTOPのタカハシに説明してもらう」と述べた。私は「別にアフガン情勢に大きな変化があるわけではない。時々刻々と変化する情勢に対応できるように、計画は常に見直しておく必要がある。それが国連機関の任務でもある」と説明した。議長は私の言葉を引き取って、「すでに改定案は作成済みであり、みなさんのお手元にある」として、説明に入った。その後、タジク政府に対して通報する必要性について質問があった。議長は「この改定は国連内の問題であり、タジク政府への報告は必要ない。すでにタジク政府はアフガン避難民がタジキスタンに流入してきた際の受け入れに賛同している。そのような事態が発生した時点で、国連側からタジク政府に通報して協議することになっている」と述べた。

このように、議長の見事なさばきで議事は進行した。最後に議長は「それでは改定案は全会一致で賛成ということで問題ありませんね」と全員に同意を求めた。ところが、出席者の一人が発言を求めた。彼は私の方を見ながら、「タカハシUNTOP次席はアフガン情勢に大きな変化はないと先ほど報告しましたが、連合戦線の著名な大物が負傷したという噂があると聞きました。今回の改定はその事件と関係しているのでしょうか」と発言した。その途端に、「負傷した人物とは誰だ。まさかマスード司令官ではないだろうな」といった私語が囁かれ出した。さらに、「連合戦線内で何か事件が起きたと聞いている」と、勝手に語り出す人も出始めた。私はすぐ議長に発言を求めた。「アフガニスタンは戦場です。さまざまな出来事が起きるのは当然です。流言飛語の世界でもあります。みなさんが考えておられるような事件は発生していません」と述べ、「今回の改定は通常の見直し作業であり、何ら政治的な要素は含まれていません」と付け加えた。私が事件の発生を否定したことから、出席者は安心したのか一挙に静まった。「ただし、いつ何時、どんなことが起きても対処できるようにすることが必要なので、早急に進める必要がある」と付け加えるのを忘れなかった。議長も「災難は忘れた頃にやってくるということわざもあるので、今回の改定はタイムリーだと思う」と、私の方を見ながら述べた。案はすぐさま全員一致で可決され、議長によって閉会が宣せられて会議が終了した。

私は議長に礼を述べて会場を出ようとした。すると、先ほど連合戦線内の負傷事件について発言した出席者が近寄ってきた。彼は私に、本当に事件はなかったのだろうかと尋ねた。逆に、噂の詳細について説明を求めた私に困ったような顔をした。「たしかに連合戦線の大物が怪我をしたらしいという話で、マスードが負傷したとは聞いていない。雲をつかむような話で、詳細についてはまったくわからない」と答えた。「誰からの情報だ」と尋ねる私に、「アフガン人が噂していた話で、聞いた本人も本当だとは考えられないと言っていた」と語った。私は内心すでに噂が広まり始めたことに恐れを抱きながら、「そんな事実はないから心配しなくても大丈夫」と答えて会議室を後にした。

私は十一日朝七時前にオフィスに出勤した。テレビをつけ、七時のBBCのニュースを見ながらインターネットでニュースをチェックしていた。私の机の上にある電話が鳴った。米国大使館次席から、大至急面談したい、私の事務所を訪問するという連絡であった。私は了解の返事をして引き続きニュースを読んでいた。そのとき、欧米系の通信社が流した記事が目に飛び込んできた。連合戦線の大幹部が負傷したらしいと伝えていた。マスード司令官とは書かれていない。その記事は明らかに私たちが承知している事件を指していた。わずか数行の記事であった。私は事態の早い展開に驚いた。この記事が誰の目にも留まらず、大きくならないことを念じた。このまま進むと、ターリバーンの全国制覇は予想した日にちより早まる可能性があるかもしれない、と考えた。同時に、この記事は米大次席の今朝の訪問と関係しているのかなと漠然と感じた。

受付から米大次席の訪問を告げる連絡があった。しばらくして彼と米国大使館駐在武官が現れた。次席は席に着くなり、あなたに謝罪しなければならないことがあると切り出した。何事かと思い、次の言葉を待っていると、彼は「マスード司令官遭難事件がリークされた。たいへん申し訳ない」と言って頭を下げた。ちょうどそのとき、BBCが「米国国務省スポークスマンは、米国務省筋が語ったマスード司令官遭難事件について、そのような事実はないと記者会見の場で否定した」と報じているところであった。私は唖然とした。米大次席は「いまBBCで報じたとおり、国務省スポークスマンが否定の記者会見を行った。リークされたことは事実である。たいへん申し訳ない」と述べた。瞬時に大きな怒りが込み上げてきた。「あれほど超極秘だと念を押したにもかかわらず、味方から足元を救われるとは想像もしていなかった」と一気にまくし立てた。「米国務省にはターリバーンに味方する政府高官がいることが明らかになった」と詰め寄った。次席は「あなたの意見を否定できないのも事実だ」と述べ、「国務省スポークスマンの否定会見はあなたへの謝罪のための会見です。これで許してほしい」と述べた。私は高ぶる声を抑えながら「連合戦線の崩壊とターリバーンの全国制覇は国際社会全体の問題で、個人に対する謝罪で済む問題ではない。われわれ全体の問題だ」と述べた。彼はうなだれて、「あなたの言うとおりで謝罪の言葉が見当たらない」と重ねて言った。私は「起きてしまったことなので、これからどれだけ時間稼ぎすることができるかが問題だ」と述べた。さらに、「この借りは避難民支援というかたちで米国政府にしっかり返してもらう以外にない」と言ってニヤリと笑った。私とのやり取りに緊張していた次席もようやく安堵して、「ありがとう。もちろん、可能な限りの協力をさせていただく」と言った。それまで一言も発せず私たちのやり取りを聞いていた駐在武官も、緊張感から解放されたらしく、別れ際に握手しながら「貴官にはたいへんご迷惑をおかけした。心からお詫び申し上げたい」と述べた。私は「仕方がないでしょう。いずれにしてもたくさんの支援を必要としているわれわれ国連にとって、貴政府に借りをつくったことは私の手柄になるでしょう」と笑いながら述べた。私は、ターリバーンがアフガン全土を制圧する日が目の前に迫っていると感じた。

ターリバーンとマスードの戦い

この当時、ターリバーンはアフガン全土の三分の二を支配下に置いていた。

一九九六年九月、首都カーブルはターリバーンによる軍事攻勢を受け、ラバニー政権はターリバーンに首都カーブルを明け渡した。軍の最高指揮官であったマスード司令官は首都における攻防戦をあきらめ、故郷であり、根拠地でもあるパンジシェール峡谷に退却した。その後、ターリバーンは五年間という長きにわたってマスード司令官と戦闘を繰り返した。

ターリバーンが初めてマスード司令官と干戈を交えたのは、カーブルを無血陥落させた直後であった。首都カーブルに入城して勝利に酔うターリバーン軍団は、マスード司令官を一挙にたたき潰そうとした。マスード司令官はムジャーヒディーン各派内で最大規模の軍事力を保持していた。ターリバーン軍団は、カーブル北方に広がるシャモリー平原を一気に突き進んだ。迎え撃つマスードは直ちに、指揮下のムジャーヒディーンにパンジシェール峡谷のさまざまな場所に備え付けた砲台陣地を開いて、戦闘の準備を命じた。これらの砲台陣地は、空からも陸からも巧妙にカモフラージュされ、これまでソ連軍を撃退してきた。当時、パキスタンに駐在する外交団や報道関係者の間では、ターリバーン軍団はパキスタン軍の将校によって作戦の指揮が執られていると噂された。カーブルに出張していた私も、パキスタン軍将校を見たという報告を受けた。ターリバーンの士気は非常に高く、日の出のような勢いから、誰しも制圧は時間の問題と語った。ターリバーンは陸続とアフガン各地から集結し、予想どおりパンジシェール峡谷に雪崩れ込んだ。その激しい軍事大攻勢に、誰もがマスードの命脈は尽きたと予想した。ところが、マスードによる十字砲火を浴びたターリバーンは大敗北を喫した。パンジシェール峡谷が持ちこたえたのは、ひとえにマスード司令官の類まれな軍事的才能によってであった。ターリバーンもまたソ連軍を敗北に追い込んだマスードの軍事的才能に敗れた。こうして一九九六年の戦いの幕は閉じた。人びとはターリバーンの軍勢にパキスタン軍の将校が混じっていたことから、マスードはパキスタン軍との戦いにも勝利したと英雄を褒め称えた。

その後もパンジシェール峡谷において攻防戦が続くなか、ターリバーンは全国支配に向けた軍事攻勢を継続した。反ターリバーン勢力はアフガン西部のヘラートを失い、一九九八年夏にはアフガン北部の要衝マザーリシャリフが陥落した。その後、クンドゥーズ、タルカーンといったパンジシェール峡谷の以北に位置する要衝まで押さえられた。秋にはアフガン中央部のバーミヤンがもぎ取られた。要衝が次々と陥落し、ターリバーンによる全国制覇が着々と進むなかで、連合戦線の根拠地でありマスード司令官の最後の砦《とりで》であるパンジシェール峡谷も、再び陥落寸前の危機に陥った。

反ターリバーン勢力の軍事的敗北による支配地域の減少と、ラバニー前大統領、ヘクマティヤール前首相、ドストム将軍、ハリリ・イスラーム統一党党首といった多くのムジャーヒディーン各派の指導者たちは、国外に逃亡した。その影響もあり、外国からの財政・軍事支援は激減した。支配地を追われたこれらのムジャーヒディーン各派の指導者、野戦指揮官たちは、守る地もなく帰る場所もない悲惨な状況に追い込まれた。国外逃亡を拒否する一部の野戦指揮官たちは、ムジャーヒディーンで唯一根拠地を有するマスード司令官のもとに寄り集まった。自派勢力の急激な減少に危機感を抱いた各派の指導者たちも、マスード司令官を中心に大同団結を図ることに合意し、連合戦線を結成して反ターリバーン体制の立て直しを図った。マスード司令官の力によって辛うじて抵抗運動を継続できたにすぎなかった。

一九九〇年代後半のターリバーンとマスードの戦いは、年ごとに強まるターリバーンによるパンジシェール峡谷包囲作戦を阻止するため、ターリバーンとの間に軍事的均衡を生み出すことにあった。マスードは、首都カーブルとパンジシェール峡谷の間に広がるシャモリー平原への軍事攻勢によって首都カーブルへ軍事的圧力を加えた。首都が空爆を含む激しい軍事攻勢にさらされたターリバーンは、包囲網部隊を首都防衛のために割くことを余儀なくされた。その結果、マスードは連合戦線とターリバーンとの間に軍事的均衡を生み出すことに成功した。

パンジシェール峡谷は紛争期間中、マスードが育て、組織し、指揮した軍団、シューロエ・ネゾールと呼ばれる軍事評議会が生まれた地であった。その聖域はターリバーンによっても侵されることはなかった。

こうして二〇〇〇年の戦闘は辛うじてマスードがターリバーンの軍事攻勢を退けるかたちで冬が訪れた。現実には連合戦線を率いるマスードにとって、この年の戦闘は非常に困難を伴うものとなった。外国からの軍事支援は減少し、同年秋の戦闘では軍事車両、戦車の燃料さえままならなくなっていた。それまで毎月五〇台以上の燃料補給車両がタジキスタンを経由してアフガニスタンに入っていた。それが月数台に激減し、車両の燃料不足のためアフガン東北部のバダクシャーン県の要地から最前線への補給車両すら一日に数台という状況にまで追い込まれた。マスードにとって冬の間に軍事支援を得ることが最も大きな課題となっていた。

国連による和平交渉も一向に進展せず、例年と同じように雪のため本格的な戦闘は停止された。アフガニスタンでは冬が訪れ降雪が始まると、物理的に戦闘を実施することが困難になる。そのため戦闘の規模が激減する。それに代わってアフガン各派間の政治交渉が始まり、ストーブリーグとなる。春の訪れまで実質的な戦闘が停止されるのである。

マスードはこの時期を利用して、西側諸国に対しターリバーンがいかに国際社会に対して危険であるかを訴えようとした。同時に、連合戦線に対する支援の要請を行うためフランスを訪問した。米国をはじめとする西側諸国は、紛争の関係当事者が解決すべき問題であるとして、マスードが満足するような返事を与えることはなかった。

西側諸国に代わり、ターリバーンが全国制覇することによって、多大な影響を受けるイラン、ロシアおよびインドといった近隣諸国は、密かに軍事支援を実施した。マスード率いる連合戦線が殲滅されることは、こうした国々にとって由々しき一大事であった。ただし、ドストム将軍やアフガン各派指導者の戦線復帰を認めることがマスード率いる連合戦線支援への条件となった。

当時、イランに滞在していたウズベク族のドストム将軍は戦線復帰の絶好の機会と見た。彼は連合戦線支配地域内におけるウズベク族を支配下に置き、自身の連合戦線内における勢力拡大を図ることを画策した。マスードおよびその側近たちは、ドストム将軍たちの復帰によって連合戦線内の指揮系統と融和に乱れが生じることを恐れた。連合戦線内に不協和音が生じることは、ターリバーンにチャンスを与え、連合戦線の分裂につながる。マスードたちは復帰をめざすドストム将軍たちや支援諸国との間で、激しい政治的駆け引きを行った。その結果、ウズベク人居住地ではなく、マザーリシャリフ（アフガン北部の要衝）の野戦指揮官であったウスタード・アターが活動するダラエ・ソーフ渓谷の最前線にドストム将軍を送り込むことで妥協が成立した。アター野戦指揮官はマスード司令官の有能な部下であった。こうしてマスード司令官は連合戦線内における指導力を確固なものにすると同時に、関係諸国からの軍事支援を得ることに成功して二〇〇〇年の冬は終わった。

ターリバーンは全国制覇を遂げるため間断なく戦闘を繰り返した。終わりのない戦闘は双方の戦闘集団に疲れをもたらした。とくに一九七八年の軍事クーデター以降、イスラーム聖戦に参加している連合戦線の疲れはかなり深刻な状況にあった。多くの戦線離脱者が出始めた。ターリバーンにとっても、全国制覇が容易に達成できるとの見込みが外れ、いっこうに訪れない平和に、タリーブ（神学生）が戦闘への参加を忌避し始めた。ターリバーンにとってもこれ以上長期的戦闘を続けることが困難となっていた。

連合戦線は二〇〇一年こそターリバーンは全国制圧をめざし、最大規模の最後の戦いを挑んでくるであろうと予想した。事実、パキスタンの北西辺境州ではイスラーム過激主義グループがマドラサ（イスラーム神学校）の神学生を大量にリクルートしているとの情報がもたらされた。ターリバーンは大攻勢に向けて着々と準備を整えている――そうした情報を裏付けるように、二〇〇一年の春はターリバーンによる激しい戦闘で幕が開けた。国籍不明のジェット機がパンジシェール峡谷を爆撃しているとの情報も入ってきた。米国大使館関係者に伝えると、確認していると返答があり、現地ではパキスタン軍戦闘機だと主張していると伝えたところ、間違いないだろうと答えた。

ウサーマ・ビン・ラーディンとムッラー・ウマルの野望

以上が当時のアフガニスタンにおける軍事・政治状況であり、アフガン情勢は大きな転換期を迎えようとしていた。マスード司令官の暗殺事件はその転換期の最中に起きた。

マスード司令官遭難事件の連絡を受けた私が、その真偽を確認するため各方面に連絡したことはすでに述べた。実はその最中に重大なことに気がついた。それはウズベキスタン・イスラーム運動（IMU）の指導者ジュマボーイ・ナマンガニー（ジュマバイ・ホジエフ）が「半年から一〇カ月後に大きな事件が起きて、世の中に大変動が起こる。アフガニスタンはターリバーンの支配下に入り、中央アジアにも大きな変動が訪れる。マスードは異教徒に成り下がった。最後にターリバーンに暗殺される」と語ったことを思い出したからである。ナマンガニーとは、キルギスにおいて邦人拉致事件を引き起こした首謀者である。

ウズベキスタン反政府勢力の指導者ジュマボーイ・ナマンガニーは一九八七年、郷里ウズベキスタンのフェルガナ盆地にあるナマンガン市の農業学校を卒業した。卒業後、ソ連軍に招集されアフガニスタンに派遣された。八九年、軍役を終えるとウズベキスタンに戻った。帰国後、イスラーム運動に身を投じ、のちにIMUの指導者となるタヒール・ヨルダシェフとともにアドーラット（正義、公正）運動に参加した。IMUの前身となったアドーラットはフェルガナ盆地において、ウズベキスタンのカリモフ政権を揺さぶるほどの衝撃を与えたと言われている。弾圧を受けた彼らはタジキスタンに逃れ、当時のナビエフ政権と戦うタジク反政府勢力に合流した。彼らはこの時期にアフガニスタンおよびパキスタンを訪問し、イスラーム過激派とも接触した。九六年にＩＭＵを設立した彼らは、ウズベキスタンにおける反政府活動を活発化させた。

ナマンガニーは一九九九年八月、ＩＭＵの武装グループを率いてタジキスタン北部を越え、キルギス南部に侵入した。ウズベキスタンのフェルガナ盆地への侵入を企てたのである。そのとき、彼らは邦人拉致事件を引き起こした。邦人は解放したものの、二〇〇〇年夏、再びキルギス南部およびウズベキスタンのスルハンダリア州に侵入し、両国政府軍と数カ月にわたる戦闘を繰り広げた。その後、ＩＭＵは一掃され、アフガニスタンに去ったと言われていた。

ところが、同年十一月、突如、ナマンガニーは武装グループを率いてタジキスタンのタヴィールダラ峡谷に現れた。私はこのときのナマンガニーの言葉を思い出したわけである。

当時、ＵＮＴＯＰへの出向を命じられた私はタジキスタンのドゥーシャンベにいた。友人からナマンガニーが突然、タヴィールダラ峡谷に現れたと知らされた。タヴィールダラ峡谷はタジキスタンのほぼ真ん中に位置する、二〇〇キロ以上におよぶ長大な峡谷である。パミール高原を源流として数多くの支流を有している。その複雑に入り組んだ地形は、政府軍の攻略を阻む自然の要塞であった。タヴィールダラは元タジク反政府勢力の根拠地であり、よそ者を容易に近づかせない場所であった。和平成立後も反政府的雰囲気が強く、ナマンガニーにとっては古巣でもあった。

ナマンガニーが突然タジキスタンの山中に姿を現したことに驚いた私は、ナマンガニーと直接面談したタジク人の友人に真偽を確認した。その友人は「あいつは頭が狂った」と前置きしながら語った。それが前述したナマンガニーの言葉である。また、ナマンガニーは「ウサーマ・ビン・ラーディンとムッラー・ウマルがアフガニスタンを制圧し、その後、彼らは直ちに中央アジアに進出する。おれは、ウズベキスタンにおける武力闘争の準備を整えろとの指令をウサーマとムッラー・ウマルより受けた。戦うために舞い戻ったのだ」と語ったという。

友人は、ナマンガニーとともに肩を並べて戦った戦友であった。ナマンガニーにとって、タジキスタンで最も信頼のおける友人の一人である。その彼は、ナマンガニーの話をどう理解したらいいだろうと私に尋ねた。腕組みをして悩んでいる私に、さらに彼は「ナマンガニーはまるで洗脳されたようで、おれが知っているナマンガニーとは別人のようだった」と語り、こうつぶやいた。「アフガニスタンで洗脳されやがった」。私は「モスクワのクレムリン宮殿に緑のイスラームの旗を掲げようとか、あるいは世の中をイスラームの初期カリフ時代に戻すなどというイスラーム過激派の夢物語を聞いて、一時的に頭がおかしくなっただけだろう」と言って慰めた。その上で、ほかに何か気づいたことがなかったかと尋ねると、ナマンガニーが長いひげを剃っていたため人相が別人のようで驚いたと述べた。ナマンガニーはひげを剃った理由については語らなかったが、キルギスの首都ビシケクを経由してタジキスタンに入ったと教えてくれたと述べた。どこからビシケクに入国したかについてナマンガニーは何も言わなかったと、私の友人は付け加えた。

しばらくして、ナマンガニーの存在が知れ渡り、タジク政府の知るところとなった。当然、同人を再度追放するため、タジク政府は現地にミッションを派遣した。タジキスタンに舞い戻ってきた理由を質されたナマンガニーは、私の友人に語った話とは裏腹に、ターリバーンに追放されたと語った。「反政府活動から足を洗い、のんびり暮らすのが望みである。タジキスタンの滞在を許可してくれ」とタジク政府に懇願したという。ナマンガニーの言動が明らかに変わった。さらに、彼はパキスタンのカラチからビシケクを経由して入ってきたと噂された。私のもとには、ナマンガニーが密かにタジキスタン各地に隠れ住むＩＭＵメンバーと接触を開始したとの情報が寄せられた。やはり、彼はターリバーンやアル・カーイダの密命を帯びてタジキスタンに入国したと、そのとき確信した。私はウズベキスタンにおける反政府勢力の動向をチェックした。予想に反して、ウズベク政府による治安維持対策が功を奏し、ＩＭＵを含む反政府勢力の動きは完全に抑えられていた。国境も厳重に監視され、ナマンガニーが国境を越えてウズベキスタンに侵入することは非常に困難であった。ウズベキスタンにおける反政府武装闘争は不可能と出たのである。その結果に私は当惑した。ナマンガニーの「半年から一〇カ月後に大きな事件が起きて、世の中に大変動が起こる。アフガニスタンはターリバーンの支配下に入り、中央アジアにも大きな変動が訪れる……」との言動を裏付ける証拠は何もなかった。それではナマンガニーの言動と行動はいったい何を意味したのか。彼は何を根拠にあのような大言壮語を吐き、密かにＩＭＵメンバーと接触を続けたのか。ナマンガニーの言う「大事件」が「マスードの暗殺」を意味するのは理解できる。それはターリバーンのアフガニスタン制圧を意味する。もし、アフガニスタン制圧後、アル・カーイダやターリバーンが中央アジア侵攻を計画していたら、中央アジアに大きな混乱が生じる。そのためにナマンガニーにその準備を命じていたのではないか。仮にそうであったとしても、マスードを暗殺するのは至難の業である。ほぼ不可能に近い。なぜターリバーンは不可能に近い計画を立て、ナマンガニーに変装させてまでして、わざわざタジキスタンに送り込んだのか。そのときの謎は解けないまま私の頭の隅に残っていた。

マスード司令官暗殺の電話で、この謎が突然解け出した。不可能なマスード暗殺が可能となった。マスード暗殺を合図として、ターリバーン、アル・カーイダによるアフガニスタン、中央アジアへの軍事攻勢が開始される。「ナマンガニーの言ったことは正しかった」とそのとき思った。と同時に、ナマンガニーはアフガニスタンにいることを思い出した。彼は二〇〇一年二月、タジク政府の説得により再びアフガニスタンに追放されたからである。これではウズベキスタン内の反政府勢力が直ちに武装闘争を開始することはできない。ただ、マスードの暗殺によって、ターリバーン、アル・カーイダ、さらにウズベキスタン・イスラーム運動（ＩＭＵ）の中央アジア侵攻計画が確実に動き出したことに気がついた。ひたひたと中央アジアに押し寄せる不気味な動乱の兆しに、私は愕然となるばかりであった。ただ、まだこのときは、二日後に迫ったナマンガニーの本当の意味の「大事件」には気づく由もなかった。

暗殺事件の真相と潰えた野望

このナマンガニーの話の裏づけとして、マスード司令官は次のように述べている。一九九八年、私は国連アフガニスタン特別ミッションの任務を終え、ウズベキスタンの日本大使館に配属となった。

国連の勤務から離れたこともあり、挨拶のためタジキスタンの首都ドゥーシャンベにマスード司令官を訪ねた。

マスード司令官を訪ねると、よく来てくれたと歓迎してくれた。側近に部屋から出ていくように指示して誰もいなくなると、さっそく今後のアフガン情勢についての意見交換が始まった。

ターリバーンとパキスタンの関係、ムッラー・ウマルとウサーマ・ビン・ラーディン、ウズベキスタン・イスラーム運動の動きなど問題は多岐にわたった。時折、部下が部屋に入ってくると、「出ていけ。誰も入ってくるな」と怒鳴りつけた。

ターリバーンの今後の戦略について話が移ったとき私は、ムッラー・ウマルの側近や野戦指揮官たちが「中央アジアやモスクワに攻め入り、クレムリンに翻っている赤旗を引きずり下ろして、イスラームの緑色に変える」と言っていたと伝えた。するとマスード司令官はこう言った。「やはりそうか。実は数日前、ムッラー・ウマルが電話をかけてきた。何と言ってきたと思う」。私はつい身を乗り出した。「あいつ、おまえとは戦闘するつもりはない。われわれの目的は中央アジアを席巻することにある。黙って中央アジアへの道を開けてくれれば一切攻撃はしない、と言ってきたよ」。「ターリバーンの目的はやはり中央アジア侵攻だったわけですね」と答える私に、マスード司令官は力強くうなずきながら、「あいつらの考えることは、気違い沙汰だ」と吐き捨てるように言った。「他国に攻め入るなど、尋常ではない。あいつは狂っている」と述べた。

いつターリバーンがマスードの暗殺を決意したのか承知していない。アフガニスタンの全土制圧と旧ソ連邦内におけるイスラーム復興をめざすターリバーンや、アル・カーイダのイスラーム過激派にとって、マスードの排除は必要不可欠な条件に変化していった。彼らはマスードのタジキスタンにおける影響力を排除するため、タジキスタンにおけるイスラーム過激派勢力の拡大を図った。マスードの名声はタジキスタンの政府側と反政府側の双方に轟いており、イスラーム過激派のタジキスタン浸透は容易なことではなかった。ターリバーンはタジキスタンのヌーリー反政府勢力指導者に不満を有する分子を中心に、地方の野戦指揮官、とくにタジキスタンの反政府運動に身を投じていたウズベキスタン・イスラーム運動に対して影響力を拡大していった。

私はこのとき、ムッラー・ウマルが本気でこれまでの枠を超えた侵略戦争に踏み出そうとしていることを確信した。イスラーム神学生で、真摯にイスラームの道を追求し、乱世を正すことを夢見て立ち上がった真面目なムッラー・ウマルの姿はそこにはなかった。ウサーマ・ビン・ラーディンの過激主義に洗脳された、巨大な怪物に変貌した姿を見た。

これまでにも、ムッラー・ウマルがどの程度、ウサーマ・ビン・ラーディンの影響を受けているか、さまざまな方法で探っていた。その折に入手した情報に、ウマルが側近に「おれは畳の上では死ねないかもしれない」と語っていたというものがあった。情報をもたらしてくれた友人は「もしかすると、ムッラー・ウマルは一線を超えたかもしれない。今後は彼の動きを注意深く見る必要がある」と語った。この話をマスード司令官にしたところ、「タカハシ、おれも同じ話を聞いている」と言って、ニヤッと笑った。「おれもカンダハールには情報源がある。タカハシだけがウマルのことを知っているわけではない」と言ったのには恐縮して非礼を詫びた。彼は上機嫌で、「タカハシ、また会おう。ぜひ来てくれ。会えるのを楽しみにしている」と言いながら、力強い握手をしてきた。これがマスード司令官との最後の会談で、別れになるとは予想もしていなかった。

実はマスード司令官が暗殺される二日前、突然、マスード・ハリリ在インド大使が私の事務所を訪ねてきた。彼もまた、「兄弟」と呼び合う長い付き合いの友人である。彼はマスード司令官から呼び出しを受けて、ドゥーシャンベにやってきた。ハリリ大使はボスに会う前に、「兄弟」の意見を聞くことと、久しぶりに「兄弟」に会いたいと思ってやってきたと語った。彼とはＵＮＴＯＰ事務所のカフェテリアで三時間以上、話し込んだ。

ハリリ大使は、ターリバーンの大攻勢をどのようにして防ぐべきか、どのような方法があるか、イスラーム過激主義のアル・カーイダが支援するターリバーンがアフガニスタン全土を制圧すると、国際社会にとってどれほど危険か、その危険をどうしたら欧米、とくに米国に理解させることができるか、と尋ねてきた。最近の国籍不明機によるパンジシェール峡谷への爆撃に触れ、パキスタン軍も本気で今年を決戦最後の年と考えているのではないかと語った。

私は、最近のターリバーンの過激な動きは危険であり、すでに、その先遣隊とも言えるウズベキスタン・イスラーム運動が活動を開始していると伝えた。ウズベキスタン国内におけるゲリラ戦は、中央アジア諸国に深刻な問題をもたらしていると述べた。ターリバーンによるアフガニスタン制圧は、この地域に大きな変動をもたらすことになるとして、彼の意見に賛同した。さらに、前述したナマンガニーの奇妙な話をした。「確証はないが、何かが起きようとしているのかもしれない。いずれにせよ、この計画はマスード司令官の暗殺から開始される。身辺には十分に気をつけるように伝えてほしい」と述べた。

その上で私はハリリ大使に、九月に開催される国連総会にマスード司令官を送り込む計画を提案した。また、米国連代表部に勤務する私の友人が支援してくれるはずであると伝え、何としてもターリバーンの前進を阻む必要があると強調した。彼は「明日、マスード司令官に会って、この提案をしてみる。彼も喜ぶだろう」と言った。

その二日後、マスード司令官は二名のアラブ人テロリストによって殺害された。同時期に暗殺現場となったホージャー・バハウディーンを訪問した米国人ジャーナリストは、あまり見かけないアラブ人ジャーナリストに興味を抱き、彼らと言葉を交わしている。彼らはモロッコ人であると答えたが、その対応がよそよそしく、接触を避けているように感じたと述べている。

ジャーナリストと偽ったアラブ人テロリストたちはマスード司令官に近づき、一メートル内の至近距離に爆弾を詰め込んだカメラを備えた。妙だと気づいたときはすでに遅く、ニヤッと笑顔を見せてスイッチを入れたテロリストの顔が見えたという。実は、撮影の直前、質問の内容を書いたメモを提出してほしいとの依頼に、テロリストたちはそのメモを同席したハリリ大使に渡した。そのメモを見たハリリ大使は、「なぜ、あなたはアル・カーイダに敵対するのか」と書かれている質問に驚いた。彼はメモをマスード司令官に渡しながら、「彼らはアル・カーイダのメンバーです」と慌てて告げた。マスード司令官は動じることなく、「アラブ人は私の敵ではない。数分で終わるよ」と述べた。爆発後、カメラマンを装っていたテロリストは一緒に自爆したが、もう一人のテロリストであるアブドゥサッタール・ダーマネは現場から逃走した。マスードのボディーガードはこのテロリストを殺害した。

ところが、アラブ人テロリストたちのマスード司令官暗殺計画は約一カ月前の八月初旬に予定されていた。つまり、彼らはマスード司令官にインタビューを申し込み断られていたという事実が判明した。インタビューを拒否されたアラブ人テロリストたちは、自分たちが本当のジャーナリストであることを証明するため、ほかのムジャーヒディーン指導者たちであるラバニー大統領やサヤーフ・アフガン解放イスラーム同盟党首にインタビューを申し込んだ。サヤーフ党首は彼らのインタビューを受けた後、マスード司令官の警護隊長に対し、「おれはアラブ人をよく知っている。彼らはジャーナリストではない。絶対にマスード司令官に近づけるな」と警告した。このことは、アル・カーイダやターリバーンがマスード司令官暗殺を八月初旬に計画し、失敗したことを示している。

いったいこれは何を意味するのであろうか。マスード司令官暗殺が予定の期日で実行されていた場合、当時のアフガン情勢は大きく異なっていたのは間違いない。アル・カーイダやターリバーンの計画は、マスード司令官暗殺→アフガニスタン制圧→国際社会によるターリバーン政権承認→ＩＭＵによる中央アジアにおける武装闘争の開始→九・一一事件と時系列的につないだ、国際社会に対する大がかりな挑戦だったと結論づけることができる。

実は先に述べた、大至急連絡をとりたいと言っていたターリバーン幹部と、九・一一事件直後、パキスタンにおいて接触することができた。彼は私が予想したとおり、前述したアル・カーイダとターリバーンの計画を述べ、マスード司令官の暗殺の遅れは全体の計画に大きな齟齬をきたしたと語った。

マスード司令官暗殺後、暗殺事件に遭遇し、ドゥーシャンベの病院に担ぎ込まれたハリリ在インド・アフガン大使を見舞った。タカハシがドゥーシャンベにいることなど知らなかったと言っていた。おれ満身創痍でベッドに横たわる彼は、私の顔を見ると、「マスード司令官が会いたがっていた。タカハシを会わせなかったやつは誰だと、側近を怒鳴りつけていたよ」と語った。

数年後、ハリリ大使に再会した私は当時の詳細な状況について聞くことができた。彼は私のナマンガニーに関する「大事件が起きる」という奇妙な話をマスード司令官に伝えていた。その話を聞いたマスード司令官も「大事件」が欧米の大都市で起こるという情報をつかんでいた、と語った。ハリリ大使は、ナマンガニーの話を、なぜもっと早くマスード司令官に伝えてくれなかったのかと私を責めた。ハリリ大使も私と同様に、米同時多発テロ事件は単発的な事件ではなく、国（アフガニスタン）、地域（中央アジア）、世界（ニューヨーク）という二つの異なった地理的空間に、時間という縦軸を組み合わせた大陰謀であったと語った。また、非常に巧妙に仕組まれたアル・カーイダとターリバーンの陰謀が、マスード司令官暗殺の延期によって「大失敗に終わったことを心から神に感謝する」と述べた。こうしてアル・カーイダのウサーマ・ビン・ラーディンとターリバーンのムッラー・ウマルの夢と野望が明らかにされ、その野望は潰えたのである。

九・一一事件後の米軍によるアフガニスタンへの報復攻撃によって、ターリバーン政権は崩壊した。ムッラー・ウマルがどの時点で自らの誤りに気づいたのか、今となってはそれを知るすべはない。亡くなる前にムッラー・ウマルは夢から覚め、「陰謀を企む策謀家たちの残虐行為によって、われわれは世の中の敵意と憎悪を受けることになった」と語った。「残虐行為」という表現の中に、ニューヨークにおける悲劇がムッラー・ウマルに目を覚まさせたと見ることができるかもしれない。「もし、名誉や権力を望めば、神はわれわれを再び破滅に追い込むであろう」と、暗にこれまでの行動に過ちがあったことを懺悔し、悔恨しながらその生涯を閉じた。当然ながら、現在のアフガニスタンの混乱も、自らの過ちによってマスード司令官を暗殺した結果であることに思い至ったに違いない、と私には思えるのである。

第七章

潰えた戦略と中村哲医師の夢

破綻した戦略

人民民主党による軍事クーデターによって始まったアフガニスタンにおける紛争は、すでに四〇年以上の長きにわたっている。

ここに取り上げた人たちだけが、アフガニスタンに平和をもたらそうと努力し、命を捧げたわけではない。多くのさまざまな人びとがその志を達成することなく、悲運に倒れていった。当然ではあるが、この三名の「和平のための戦略」も、彼らが生きた時代と空間、条件が異なるがゆえに、その戦略もおのずから違っていた。

それでは、なぜアフガニスタンでは紛争がかくも長きにわたって続いているのであろうか。さまざまな識者が多くの意見を述べている。なぜアフガニスタンではグレート・ゲームと呼ばれる大国による争奪戦が行われるのか。乱暴に言ってしまえば、アフガニスタンが有する地理的な環境あるいは空間がこうした大国を引き寄せるからにほかならない。つまり、ソ連にとってアフガニスタンに影響を及ぼすことが、ソ連の利益にかなうと判断されたからである。

非命に倒れたアクラム君やアフガンのロビン・フッドと呼ばれたマジッド・カルカニーによる直接介入を防ぐ戦略は失敗に終わった。大博打とも思える戦略であった。アミン大統領の独断的で権力の掌握のみに狂奔する政策が、ソ連軍の侵攻を許した。アクラム君が私に伝えた最後のメッセージにもあるように、彼らはすでにソ連のアフガニスタンにおける戦略的価値が増大したことを感じ、直接介入を防ぐことの困難さを、「……ここにはいないほうがいい。危険だ。いずれ、ソ連がやってくる」という言葉に託していたのかもしれない。当時の状況の中で、半年以上も前にソ連の直接介入を感知し、その介入を防ぐことが紛争を避けるための唯一の道であると見抜いた人たちであったのは確かであろう。このアクラム君たちの試みが、紛争を避ける唯一のチャンスであったのかもしれない。また、彼らのつまずきがアフガニスタンにとっての長い紛争の始まりではなかったかと考えられる。ソ連の直接介入を防ぐことに失敗したロビン・フッドの最後の戦いは、狂った阿修羅のようであったと人づてに聞いた。

ソ連の直接介入を招いたアミン大統領は、ソ連の手によって毒殺され自らの命を落とした。ソ連にとってアミン大統領を排除することは、ソ連の利益を守ることにつながると判断されたのであろう。アミンは権力の掌握に狂奔し、ソ連の助言に耳を貸さなくなっていた。アミン自身がソ連の直接介入を招いたのである。ソ連にどのような判断基準があったにしろ、当時の判断は直接介入であった。

一方で直接介入によって守られたソ連の国益は、パキスタンおよび西側諸国の利益を脅かすものと考えられた。直接的にしろ、間接的にしろ、ソ連の直接介入は脅威となったのである。その結果、アフガニスタンは双方の力が競合する場となった。双方にとってアフガニスタンの戦略的な重要性が増し、衝突に発展することになった。

それではソ連のアフガニスタンにおける国家利益とは具体的に何を指すのであろうか。当時、ソ連の直接介入の理由として、ソ連のインド洋における不凍港の確保といったことが挙げられた。内陸国のアフガニスタンは海への出口を有しない。不凍港の確保に関係があるとは考えられない。すでに述べたように、人民民主党政権はパキスタンのバルーチスターン州のバルーチ族への独立支援を行った。これがソ連の利益であるとするのはあまりにも乱暴な議論である。

それではソ連にとっての利益とは何であろうか。一つにはアフガニスタンからホルムズ海峡までの距離が約八〇〇キロしかないことである。ソ連がアフガニスタンから戦闘機を飛ばした場合、中東の産油地帯が容易にターゲットとなる。また、インド洋への空からのアクセスも容易となる。欧州とアジアにとって、インド洋は二つの経済圏を結ぶ非常に重要な交通・運輸路である。つまり、中東の産油地帯がソ連のターゲットに入るとともに、インド洋への進出も可能となる。次はアフガニスタンと中国が国境を接していることにある。中国と国境を接するワハン回廊にソ連の軍事基地を設置すれば、中国を包囲するだけでなく、中国とパキスタンの通路を遮断することがきわめて容易になる。こうした戦略的要素が挙げられると考えられる。

通説ではソ連の軍事介入の理由は、イランで起きた一九七九年二月のイスラーム革命が、アフガニスタンおよびソ連邦内に浸透することを恐れたためとされている。その可能性を否定することはしないが、すでに述べたように、当時のアフガン国内における伝統的なイスラームは壊滅的な打撃を受けていた。さらにアフガニスタンにおけるシーア派の影響は、少数派であることからきわめて限定的であった。

すでに一九七八年四月の軍事クーデター以降の権力闘争が苛烈を極めたことは、アクラム君がもたらしてくれた話からも明らかである。当時のアミン大統領が米国に寝返るといった噂の真偽はともかく、こうしたアフガン国内の緊迫したさまざまな要因が、アフガニスタンにおける自国の利益を守る必要があると、ソ連に決断させたのではなかろうか。これ以上のリスクを恐れたのであろう。

こうした超大国が争うアフガニスタンで、ソ連に真っ向から戦いを挑んだのがアフマッドシャー・マスード司令官であった。彼の祖父が大英帝国と戦ったのと同様、彼もまた超大国ソ連を相手に戦うこととなった。一九七八年から九二年までの一四年間をその戦いに費やした。ソ連軍の撤退とナジィブッラー政権の崩壊は彼に平和への希望をもたらした。ソ連との戦いが終われば家庭を持って穏やかに暮らしたいと側近に語り、それを望んでいた。

西側諸国にとっては競合相手であるソ連が撤退し、その傀儡であるナジィブッラー政権が崩壊した以上、当然のことながらアフガニスタンの戦略的価値は減少した。アフガニスタンへの干渉の必要性がなくなったのである。

ソ連の影響力が消えたアフガニスタンは、権力が空白となった地理的空間である。隣国パキスタンにとって、このアフガニスタンに影響力を行使できる政権を打ち立てることは、パキスタンの利益に合致する。ソ連との戦いに勝利したマスード司令官を待っていたのは、隣国パキスタンの新たな干渉に対する戦いであった。それは彼にとって二度目の祖国防衛の戦いとなった。

ソ連軍撤退後のパキスタン軍部は、ムジャーヒディーン各派を通じて、いかにアフガニスタンをコントロールするかに腐心した。ソ連の影響力が消滅したアフガニスタンに、自らの影響力を扶植したいと願うのは、国家利益を追求する論理からは当然の帰結であった。パキスタン軍部の戦略は、イスラーム党のヘクマティヤール党首を通じて利益を追求することであった。その前に立ちはだかったのがマスード司令官であった。

アフガニスタンにおける権力の空白はパキスタンのみならず、アフガニスタンの西側に位置する隣国イランにとっても、自らの影響力を扶植する機会となった。シーア派ムジャーヒディーンへの支援が増大した。それはムジャーヒディーン各派による権力闘争を激化させることにつながり、内戦という新たな戦いをさらに激しくさせただけにすぎなかった。ここにアフガニスタンの内戦は近隣諸国を巻き込んだ地域紛争の様相を呈することとなった。事実、内戦時には毎月二〇〇〇～四〇〇〇トンにおよぶ武器がアフガニスタン国内に持ち込まれ、消費された。これらの武器は砂漠や峻険な山々をロバやラクダに乗せられて、運び込まれた。

内戦に大きな変化が訪れたのはターリバーンの台頭であった。内戦終結への出口が見えず、ムジャーヒディーンの権力闘争に辟易していたパキスタンにとって、ターリバーンの出現はまたとない機会となった。ターリバーンはその頑迷なイスラーム政策から、容易に国際社会から支援を受けることができないでいた。パキスタンの支援はターリバーンの世直し運動の目的に合致した。パキスタンが望むアフガニスタンにおける国家利益は、ターリバーンを通じて追求できることが可能となった。マスード司令官にとってのターリバーンは、パキスタンの手先あるいは傀儡でしかなく、再び外国の介入を防ぐための戦いを続けることとなった。それはソ連が支援した人民民主党との戦いと同じ構図でもあった。ここでもマスード司令官の戦略は、外国の干渉を排除し、独立を維持することにあった。パキスタン軍部の影響力を拒み、その意向に背き、あくまでアフガニスタンの独立を守るために奮闘した。

そのような状況のなか、戦列にあって一緒に戦った師や仲間たちが、その理想を追い求めることをやめ、離脱していった。この時期、マスード司令官の戦列にいた私の友人は、マスード司令官に「戦いに疲れたと言ったところ、平手打ちされた」と語った。マスード司令官はひと回りも違う年の差がある部下を殴った。友人は「マスード司令官は悲しそうな顔をしていた」と語った。そのとき彼は私から顔をそむけ、涙を手の甲で拭った。不覚の涙を見られるのを男の恥とするアフガン人の男の所作であった。

マスードの戦いに新たな要素が加わったのは、前述したようにムッラー・ウマルからかかってきたマスード司令官への電話によってであった。それはウサーマ・ビン・ラーディンがムッラー・ウマルに持ちかけた、中央アジアへの野望であった。マスード司令官にとって「紛争が中央アジアへ波及するのを防ぐ」ことはとりもなおさず、パキスタンの傀儡となったターリバーンのアフガニスタン制圧を防ぐことでもあった。こうして、ロシア、中央アジア諸国（旧ソ連邦）といった〝昨日の敵〟が、〝味方〟として共同戦線を張るという驚きの展開に発展した。マスード司令官のターリバーンとの戦いは〝昨日の敵〟の目的と合致したのである。

このときすでにパキスタンは、ターリバーンによってアフガニスタンの制圧は成立したものと考え、次の戦略目標を中央アジアに定めていた。一九九九年、パキスタンは諜報機関として名高い軍統合情報局（ＩＳＩ）の前副局長をタジキスタンの大使として赴任させた。パキスタンはスパイ・マスターを中央アジアに送り込むことに成功したのである。その経緯を尋ねた私に、タジキスタン政府高官は動揺を隠そうとでもするかのように、「知らなかった」と言ってその失態を嘆いた。

結果はすでに明らかなように、マスード司令官の紛争の波及を食い止める戦略は功を奏した。またパキスタンのアフガニスタンにおける干渉の排除にも成功したのである。

最後まで和平への希望を失わず、紛争拡大の防止に努め、平和を追い求めたマスード司令官は、アラブ人のテロリストの手にかかり、道半ばで生涯を閉じた。マスードの死は、彼の最終目標であったアフガニスタンの和平戦略が破綻したことを意味した。再び、紛争は継続することとなった。

一方、ムッラー・ウマルは二〇〇一年の米軍によるアフガニスタンへの攻撃以来、姿をくらました。その所在をつかむことはまったくできなかった。これまで何度も死亡説が出た。そのたびにターリバーンの報道官は即座に否定の声明を出した。ところが、アフガン政府はターリバーンの最高指導者ムッラー・ウマルが二〇一三年四月、パキスタンのカラチの病院で死亡したとする声明を発表した。二〇一五年七月二十九日の出来事である。アフガン政府の声明に対し、ターリバーンは否定することなく沈黙を守った。

翌日の七月三十日、ターリバーンはウェブサイト「聖戦の声」で、ターリバーンの指導評議会とウマル最高指導者遺族の連名で、最高指導者ムッラー・ウマルは病に冒され、二週間前にアフガニスタンで逝去したと発表した。後任にナンバー2であるムッラー・アフタル・ムハマッド・マンスール師が就任したと伝えた。

アフガン政府とターリバーンが発表した死亡時期は明らかに食い違っている。死亡場所についても、アフガン政府はパキスタンのカラチの病院で亡くなったと述べている一方、ターリバーンはアフガニスタン国内で病死したとしている。アフガン政府が主張する死亡時期が正しいとするなら、ムッラー・ウマルの死は二年三カ月の間隠されていたことになる。つまり、その期間ターリバーンは最高指導者不在のまま聖戦を継続したことになる。そんなことが果たして可能だろうか。

アミール・アル＝ムウミニーン（信徒たちの長）のみがイスラーム教徒に対して聖戦を命ずる権利を有している。もし二年三カ月前に死亡していたとするなら、その期間、聖戦自体が無効になるのではないか。ターリバーン内に大きな疑念と執行部に対する不信感が噴き出したのは想像に難くない。

事実、ターリバーン幹部のなかにはターリバーン指導評議会が発表したマンスール師への忠誠を拒む者が出てきた。明らかにムッラー・ウマルの死の経緯に疑念を抱いたからである。聖戦を命じる権利は「信徒たちの長」のみが有し、「信徒たちの長」であるアミール・アル＝ムウミニーンがいなければ、聖戦は無効となってしまう。新しい「信徒たちの長」がすみやかに聖戦継続を命じない限り、聖戦は無効となってしまうのだ。とくに死亡が隠されていた場合はなおさらである。

さる高名な聖職者の法話を聴くために多くの信者が集まっていたときの出来事である。ターリバーンの神学生が「ムッラー・マンスール新『信徒たちの長』が尊師をぜひ招待したいと言っています」と伝えた。その高名な聖職者は「誰がムッラー・マンスール師を『信徒たちの長』に任命したのか。私は彼を認めていない」と述べた。その神学生は驚いて、「それでは聖戦はどうなるのですか」と慌てて尋ねた。その高僧は「『信徒たちの長』でない限り、聖戦を発する権利は有してない」と答えた。別の神学生が「もし、『信徒たちの長』であるムッラー・ウマル師が二年前に死亡していた場合、その間の戦いは聖戦ではなくなります。その場合、私たちはムジャーヒド（聖戦戦士）ではなくなるのでしょうか。またこの期間に殉死した同僚は間違いなく天国に召されたと思うのですが」と尋ねた。その高僧は「聖戦が無効であれば、君たちはムジャーヒディーン（聖戦戦士たち）ではない。つまり君たちの戦闘は無効である。その間に犯した殺人は罪にあたる。当然、罪を犯した者は、神に裁かれて地獄に落ちる。君たちは単なる殺人者である。死亡した神学生たちも天国へ召されることはない。地獄へ落ちるだけである」と言った。その言葉に呆然とする神学生もいれば、泣き出す神学生もいた。この逸話は、ムッラー・ウマルの死亡隠蔽事件が、ターリバーンと聖戦の基盤を揺るがす重大な事件であったことを明らかにしている。ターリバーンにとって存亡がかかった事態が発生した。

ムッラー・ウマルの死が隠蔽されていたのであれば、ウマルの代理としてターリバーンを率いてきたムッラー・マンスール師にターリバーンの組織自体が騙されていたことになる。高僧の言にあるとおり、そこには死を賭して戦う聖戦の意義、宗教的意味は皆無となってしまう。最も深刻な点は、聖戦に参加する者すべてに約束された、殉教後の天国への切符が無効になることであった。天国へ召されず、地獄へ落ちる。ターリバーンにとってはあり得ない出来事が起きたのである。

ムッラー・マンスール師がムッラー・ウマルの後継者を名乗って四カ月経った二〇一五年十一月三十日、彼は何者かの襲撃を受けた。マンスール師は車両で移動中に銃撃され、軽症であったが病院に搬送された。そして、翌一六年五月二十五日、ターリバーンは米軍のドローン攻撃によって、マンスール最高指導者が同月二十一日にパキスタンで殺害されたとする声明を発表することになる。二〇一五年十一月の襲撃事件から一六年五月二十一日の死亡まで何があったのか、誰も問う人はいない。

マンスール師の死亡を受け、ターリバーンのナンバー2であったハイバトゥラー・アフンゾーダー師が、新たな指導者として全会一致で信徒たちの長に選出された。すみやかに聖戦継続のファトワーが出され、ことなきを得た。こうしてムッラー・ウマルの死亡の謎は、マンスール師の死亡の謎とともに不問に付された。一時はターリバーンの瓦解・分裂、そして弱体化も叫ばれたが、再度の指導者の交代によってターリバーン内の権力移譲も大きな混乱がなく終了した。

私が「はじめに」で紹介した演説の録音テープは、ムッラー・ウマルが二〇一三年四月にごく一部の幹部の前で行った演説の記録である。アフガン政府が主張する死亡時期が正しければ、ムッラー・ウマルはその直後に亡くなったことになる。

あるいは、死亡する数日前に心臓の病でカラチの病院に入院したが、イスラマバードの陸軍病院に移され、そこで死亡した。内臓疾患を併発したためと伝えられている。また、死亡したのは間違いなく最近だが、実はパキスタンの軍統合情報局（ＩＳＩ）が用済みとなったウマルを毒殺したという噂もある。間違いのない点はムッラー・ウマルの死亡の真相は今もって明らかになっていないことである。

ムッラー・ウマルの初志は、アル・カーイダのウサーマ・ビン・ラーディンに乗っ取られ、変質した。その戦略の誤りに気づいたときはすでに遅く、戦略を変更する時間すら残されていなかった。〝死〟によって戦略の破綻を迎えたのである。

内戦の終焉と祖国の平安を望んだムッラー・ウマルが、なぜやすやすとウサーマ・ビン・ラーディンの口車に乗せられたのかという疑問は残る。それも、中央アジアへの侵攻というとてつもない野望である。ムッラー・ウマルは神学校卒業程度の知識すらも有していなかった。素朴な一介の説教師であった。その彼を、そこまで駆り立てたものは何だったのか。

米同時多発テロ事件を受けて、米英両軍はアフガニスタンへの攻撃を開始した。アフガニスタンの主だった都市はたちまちのうちに制圧された。アフガン北部の都市マザーリシャリフは中央アジアへの最前線の基地であった。この町にはアル・カーイダをはじめ、ウズベキスタン・イスラーム運動、コーカサスにおいて蜂起を計画していたイスラーム・グループの事務所が設置されていた。

マザーリシャリフが米国に制圧された後、私の友人がこの町を訪れた。ＢＢＣの記者である彼女は、書類が散乱し、乱雑に放置されたイスラーム過激派の事務所を見た。そこには誰も見当たらず、大急ぎで逃げ出した様子が見て取れたという。部屋にはアラビア語、ロシア語だけでなく、見知らぬ文字が並んだ多くの書類が投げ出されていた。イスラーム過激派の事務所を捜索しようとする人もいなかった。彼らが何を企んでいたのか。誰も興味を持つ人はおらず、捨て置かれた様子に愕然としたと嘆いていた。

アル・カーイダのウサーマ・ビン・ラーディンは何をムッラー・ウマルにさせようとしていたのであろうか。ウズベキスタン政府の転覆を画策するウズベキスタン・イスラーム運動のナマンガニーが、ウズベキスタンにおける武装闘争の準備を整えよとの指令を受けていたことはすでに述べた。たくさんの軍資金を持っていたことも、ナマンガニーの戦友であったタジクの友人が語ってくれた。それればかりでなく、ウサーマ・ビン・ラーディンはチェチェンやコーカサスに住む仲間と密かに接触し、何かを企てていたことが判明している。しかし、すでにその手がかりを失い、それが何だったのか、今となっては知ることはできない。明白な事実は、アフガニスタンを足がかりとして、中央ユーラシアへの侵入を図ろうとしたことである。その先にイスラーム国家の建設を夢見ていたのかもしれない。ムッラー・ウマルもいつの間にかその夢に踊らされていた。その先に大量殺人という汚名が待っていることは想像できなかったに違いない。

アフガニスタンという地理的空間は東と西をつなぐゲートである。それだけではない。南北をつなぐ木戸でもあり、門でもある。そのため、アフガニスタンはあらゆる方面からの影響を受ける特異な地理的環境にあると言える。

モロッコを舞台としたショーン・コネリー主演の映画『風とライオン』にあるように、ショーン・

コネリー扮するモロッコのリフ族首長は、米国のローズヴェルト大統領に対し、「貴殿は風のごとく、余はライオンのごとし。貴殿は嵐を呼び、余を惑わし、大地を焼けり。余の抵抗の叫びも貴殿には届かず、されどともに相違あり。余はライオンのごとく、住みかにとどまり、貴殿は風のごとく、とどまることなし」と語りかけている。アクラム君もマスード司令官の戦略も、この地理的空間にとどまり守護しようとして、すべてを賭けて倒れた〝ライオン〟であった。一方のムッラー・ウマルは(邪《よこしま》な)〝風〟であるウサーマ・ビン・ラーディンの野望に加担したために、大きな過ちを犯し、悔恨の中で波乱な生涯を閉じたのではないか。

いずれにせよ彼らの主義主張と、生きた時間は違えども、彼らの戦略の目的はただ一つ、祖国を侵略者から守り、平和を取り戻すことにあったことは間違いない。

中村哲医師の夢

戦場にあって戦いを進めた彼らとはまったく異なる戦略と方法を心に秘めていたのが、先般、殺害された中村哲医師である。中村先生との出会いは、私が一九八八年に専門調査員としてパキスタンの日本大使館に赴任したときから始まる。中村先生はパキスタンのペシャワールでアフガン難民のためのクリニックを開設していた。偶然にも、このクリニックで、中村先生の片腕として働くアフガン人医師が、私のカーブル大学留学時代の友人であるシャーワリー君であった。シャーワリー君は軍医をめざして軍大学医学部に通う学生であった。そのシャーワリー君がパキスタンに亡命して中村先生のもとで医師として働いていた。シャーワリー君は中村先生を師と仰ぎ、このコンビによってクリニックは盛況を極めていた。

その後、彼らはアフガニスタンへの移動クリニックを創設してその活動の範囲を広げ、やがて主軸をアフガン国内に移して奮闘した。中村先生は人びとが食料に窮している状態を改善することが何よりも重要であるとした。医療にとどまらず、農業生産を可能にするために灌漑水路の構築に率先して取り組まれた。自ら重機まで操作し、荒地を緑野に生まれ変わらせた。その八面六臂の活躍には畏敬すら覚えた。

中村哲医師

中村哲先生とばったり再会したのは二〇一四年頃、パキスタン航空機の中であった。私はカーブルからアフガン東部のジェララバード経由でパキスタンのイスラマバードへの出張の途次であった。旅客機はジェララバードに着陸した。誰が乗り込んで来るのか機内から見ていると、中村先生がタラップを上ってきた。「先生！　お久しぶりです。お元気のようで何よりです」と声をかけると、一瞬立ち止まり、その小柄な体を少し反らせるようにしながら「あっ！　髙橋さん、どうしたの」と、いつもと変わらないその声と仕草に、私は「先生！　カーブルに来た折にはぜひ訪ねてください」とお願いした。「えーっ！　カーブルにいるの。もちろん、うかがいます。でも本当に久しぶりだねー」と言って別れた。

別れてから一カ月ほど経っていたであろうか。中村先生から電話があった。「髙橋さん。いまカーブルにいます。明日、ジェララバードに行きますけど、その前に会えますか」との元気な声。私は即座に「お待ちしています」と答えた。

中村先生との懇談は何十年ぶりであった。昔話が一段落したところで、「中村先生、いま何をやっているのですか。灌漑事業と聞きましたけど」と尋ねた。彼は鞄からパソコンを取り出して起動させると、「これを髙橋さんに見せたいと思って持ってきました」と言った。

そのパソコンで見たのが、二一六頁、二一七頁の写真である。

最初見たときはよく理解できず、「先生、これは何ですか」と尋ねた。中村先生は、にこにこしながら、「この写真がガンベリ砂漠の開墾前。つまり、ビフォーで、これが開墾した現在のアフターの写真です」と、正直、その写真を見て驚いた。土漠が一変して緑に変わっているのである。「えーっ！」と驚いている私に、次から次へと写真を見せてくれた。

中村先生はその後、暴れ川であるクナール川から水を引いて灌漑用水路によってガンベリ砂漠を潤した。一万五〇〇〇ヘクタールを開墾し、人口も三万人から一〇万以上に増加し、六〇万人分の小麦を生産できるようになった、と教えてくれた。資金については、ご自身が運営しているペシャワール会が集めた浄財と、ＪＩＣＡ（国際協力機構）の支援によって、ここまで完成したと語った。同席していた藤本正也ＪＩＣＡアフガニスタン事務所次長には、これまでの支援に感謝しますと礼を述べた。私は即座に「中村先生、これまでこの事業について発表しましたか」と尋ねた。「いやいや、髙橋さん。ご存知のように、こんなことをおおぴっらにしたら大変なことになるのは目に見えているでしょう。ですからＪＩＣＡさんにも話を広げないでくださいとお願いして、ここまで来ました」と語った。たしかに、汚職が蔓延するアフガニスタンで、このような豊かな農地の存在が知れたら大変なことになる。この農地を略奪しようとする犯罪者たちの餌食になるのは目に見えていた。事実、その後、そうした事件が発生した。誰も知らないうちに土地の譲渡書がアフガン政府独立土地監督庁の長官名で作成され、土地が売買されていたのである。幸運にも当時のドゥラニー農村復興開発大臣の迅速な対応により、ことなきを得ることができた。もちろん、関与した政府関係者は職を追われることになった。

他方、私はアフガン国内、当地メディアにも知られていない中村先生の事業について、積極的にアピールしたいと述べた。その成果をアフガン政府やマスコミに知ってもらい、本件事業をアフガン国内に拡大していくことについて、アフガン政府の積極的・自主的な努力を促していきたいと主張した。中村先生は「もちろん、いつまでも隠しておくことはできないので、そろそろ発表してもいいかなと考えています」と答えた。「自分が行ってきた治水・灌漑事業、農業振興が日本の関係者によってアフガニスタン国内に広がっていけば、自分としても今までの苦労が報われる思いであり、本望でもある」と述べた。それだけでなく、「ぜひ現地を見に来てください」と言った。私はもちろん、行

開墾前（2008 年 3 月）

開墾後（2012 年 4 月）

開墾前（2008 年 11 月）

開墾後（2014 年 3 月）

きましょうと答えた。

その三カ月後、当時の七里富雄国連食糧農業機関（ＦＡＯ）アフガニスタン事務所長（現インド事務所長）の好意によって、国連がアレンジしたヘリでザミール農業灌漑牧畜大臣、ドゥラニー農村復興開発大臣とともにガンベリ砂漠に降り立った。そこには緑が一面に広がった驚きの大地があった。

私の執務室、公邸の客間にはガンベリ砂漠のビフォー・アフターの写真を飾った。あるとき、ＮＡＴＯの将軍を食事に招待した。彼は公邸の客間に飾られたガンベリ砂漠の写真を食い入るように見つめた。将軍はそこから動こうとしなかった。当然のことながら、食事の席ではガンベリ砂漠における中村先生のプロジェクトが話題の中心となった。

当時、第一次ガニー政権が発足したばかりであった。ガニー大統領から呼び出された私は、さっそくこの写真を持参して中村先生の事業について説明した。世界銀行で長い間仕事をしてきたガニー大統領も、ガンベリ砂漠の写真を見て、信じられないといった顔で「本当にガンベリか？」と尋ねた。私は大統領に、このようなプロジェクトがいくつも完成すれば、紛争などなくなりますよ、と答えた。

事実、中村先生は、このプロジェクトを開始してから一度だけ弾が飛んできたことがあると語った。住民は即座に会議を開き、発砲事件を起こしたターリバーンに代表者を送って抗議した。ターリバーン側は「発砲は故意に起きたものではなく、単なる事故であった」として謝罪した。ターリバーンは今後、こうしたことは絶対に起こさないと約束した。中村先生は「この地で暮らす住民が日々の暮らしを守るため、積極的に自治を確立して防衛しているのです」と語った。

一面に緑が広がったガンベリ砂漠

水の確保によって乾いた大地が潤い、農地によみがえった。難民が帰還し、農業が復活した。農業の復活は生活の安定をもたらした。耕作面積の増加は当然、農業従事者の増加につながった。アフガニスタンは農業国である。誰も喜んで戦闘に出かける人はいない。

こうした中村先生のプロジェクトは、当時の吉川元偉国連大使によって国連安保理常任理事会においても紹介された。ガンベリ砂漠における緑の大地計画と名づけられた事業は、大きな反響を呼んで、世界に知られることになったのである。

アフガニスタンは遊牧民と農民が暮らす農業国である。しかし広大な乾いた大地の大半は土漠である。アフガニスタンの中央にはヒンドゥークシュ山脈と呼ばれる山々がそびえ立つが、森林や草原を見ることはない。荒れた大地に草を求めて羊を追う遊牧の民。わずかな雨水を頼りに細々と耕作に従事する農牧の民。そのような厳しい自然環境の中で生活する人びとにとって、毎年の雨水の量は、その年の小麦の生産量を決め、生きることを可能にする、いわば生殺与奪の権を握る重要なものである。こうした厳しい自然環境からか、この地に生活する人びとは他人の干渉を極度に嫌悪し、警戒する。非常に保守的な人びとでもある。

私は退官後、FAOのアフガニスタン事務所に顧問として勤務することとなった。もちろん、農業開発である。私の勤務地はアフガン西部の都市ヘラートであった。このプロジェクトに三〇年来の友人である農業の専門家ドクター・ナジィーブ・ボボにも参加してもらった。

ある日、ヘラート市郊外でハウス栽培が行われていることを聞いた私たちは、農業省ヘラート県事務所職員の案内で視察に出かけた。外からはまったくうかがい知ることのできない、高い土塀に囲まれた大きな家に着いた。小さな木の扉をたたくと、使用人と思しき若者が出てきた。農業省職員が見学に来た旨伝えた。案内されて母屋の裏側に行くと、そこにはキュウリを栽培する大きなビニールハウスが設置されていた。整然と植えられたキュウリの苗、綺麗に整えられたビニールハウス。すでにキュウリもなっていた。ドクター・ナジィーブは「このハウスは誰が世話をしているのか」と尋ねた。その若者は「僕です」と答えた。中を見て回る私たちに、その若者は言葉少なに説明した。どのくらい大きくなるのかと質問すると、若者はキュウリの苗をいとおしそうに撫でながら、もっと大きくなりますと誇らしげに答えた。そうしているうちに、体格のいい、太鼓腹の出た、このハウスのオーナーが現れた。作付面積、収穫高、マーケットへの卸価格といったドクター・ナジィーブの質問

キュウリの栽培が行われていたビニールハウス（ヘラート郊外）

に、彼は積極的に答えてくれた。その様子を写真に撮ろうとした私に、彼は突然、「写真を撮るんじゃない」と怒鳴った。驚いた私は即座にカメラをしまい込んで謝った。しばらくの間、「この異教徒の、ならず者」と小さな声でぶつぶつ言っていたが、即座に謝ったことが功を奏したのか、「本当は絶対に写真は撮らせないが、おれが写真に写らないなら撮っても構わない」と言ってくれた。

後でドクター・ナジィーブが、あのオーナーはターリバーンだよと教えてくれた。「彼の話し方で、即座に理解したので、写真を撮らないように注意しようとした矢先であった。申し訳なかった」と述べた。ドクター・ナジィーブは、欧米では反政府勢力をターリバーンと呼んでいるが、実はアフガニスタンの普通の農民や遊牧民自体がターリバーンと同じ考え方をしており、ターリバーンと何ら変わらないと語った。そして、彼らの超保守的な考え方を理解して対処すれば、何の問題も起きないと付け加えた。

　私たちはプロジェクトを開始するにあたって、地域の部族長たちに集まってもらった。部族長たちは異口同音に、四〇年以上の長い紛争のために、農業インフラは壊滅状態にあり、生活ができない。政府は何もしてくれないと訴えた。たしかに調査をしてみると、一家族の生活がほとんど出稼ぎによる収入で賄われており、所有する土地では生活できないことがよく理解できた。

　日本をはじめとした国際社会による援助についても尋ねた。すると、誰もその恩恵に浴した農民はいないと答えた。そして、利益を得たのは元反政府勢力のムジャーヒディーン野戦指揮官や政府の腐敗した役人たちであると非難した。さらに部族長たちは、四〇年以上放置されている農業インフラを整備するだけでわれわれの生活はよくなる、それ以上のことは望まない、ぜひ支援してほしい、と訴えた。

　すぐにでも現地を視察してほしいと私たちを説得する部族長たちに、視察の際の安全確保はどうするのかと質問した。それまでほとんど黙って聞いていた一人の部族長が、問題ないと答えた。どうして問題ないのだと訊くと、誰もが笑みを浮かべながら、彼が言っているから大丈夫だと返事をした。不思議に思って、なぜだと訊くと大きな笑い声に変わった。隣に座っていた一人の部族長が、声を潜めながら、「あの部族長はターリバーンのメンバーなので、彼が大丈夫と言えば安全ですよ」と言った。そのとき、初めてターリバーンのメンバーが会議に参加していたことを知った。こうした経験から以下の点が指摘できる。

中村先生が使用した暴れ川をコントロールする技術は、日本に古くからある斜め堰という技術である。江戸時代に筑後川に造られた山田堰を参考にした。もちろん、アフガニスタンにも同様の技術が存在した。中村先生は山田堰の技術をアフガニスタンの川をコントロールするための新たなモデルに作り変えた。中村先生のプロジェクトは日本の古い伝統技術を現代によみがえらせ、さらに工夫を加えただけでなく、多くの適正技術を採用した。用水路の堤もコンクリートではなく、金網に石を詰めた蛇籠《じゃかご》を積み重ねて造った。

当然ではあるが、開発途上国における国際援助の多くは近代的工法によって造られている。完成直後は誰しもが近代国家の仲間入りしたように感じ、便利になったと喜ぶ。しかし、近代技術による工法のため、現地の人びとによる維持管理はほとんど不可能に近い。道路建設一つをとってみても、完成後の維持管理には再び欧米諸国からの支援が必要となる。それだけではない。予算の手当ても必要となる。中村先生は、現地の人びとが自らの手によって維持管理するための工夫を伝統技術や適正技術に求めた。当然であるが、こうした技術の適用は多くの予算を必要としない。

さらに重要な点は、世界的な気候変動によって現在、人類は温暖化に対し、さまざまな対応を迫られている。この伝統技術や適正技術を開発途上国に対する開発のために積極的に採用することは、温暖化を防ぐためのツールになると考えられる。つまり、伝統技術は過去の遺産として博物館に展示するものではなく、現代の開発にマッチした技術としてよみがえらせ、積極的に活用すべきである。

次に、紛争地におけるプロジェクト形成については地域住民の合意とオーナーシップの形成が重要である。地域住民の関与によって、プロジェクト完成後の維持管理、隣接する地域や、住民間とのトラブルなどさまざまな問題に対処することが可能となる。これは、先に述べたヘラートにおける安全確保の事例からも明らかである。私たちはプロジェクトについて、地域住民の合意の取り付けを最初のステップとして取り組んだ。その結果、反政府勢力のターリバーンもこのプロジェクトが住民に恩恵をもたらすものと確信した。その後、地域住民は正式に安全確保の要請書をターリバーンに提出し、ターリバーンは安全確保を約束するとの書類を発行するに至った。なぜ、ターリバーンから安全確保の許可をもらう必要があるのか、不思議に思うかもしれない。実は、政府がコントロールしている地域は町や道路といった点と線のみで、多くの地域が反政府勢力の支配下にある。そのため、地方の開発にはどうしても反政府勢力の暗黙の了解が必要なのである。つまり、反政府勢力や地域住民の関与なくして、開発を進めることは非常に困難なのである。

こうした結果、中村先生の地域住民を巻き込んだガンベリ・プロジェクトは成功した。このプロジェクトに採用された適正技術は、すでにさまざまな国や地域で実施されている。しかし、これほどまでの成功を収めたケースは見当たらない。それだけではなく、中村先生のプロジェクトはアフガニスタンの若者に大きな夢と希望を与えた。ガンベリ砂漠の成功は、四〇年以上におよぶ紛争の間に見えた一つの大きな希望の光でもあった。

ところが、中村先生の話はそれだけでは終わらなかった。「髙橋さんならわかるでしょう。ガンベリ砂漠の開墾地は住民が団結して守っています。盗人や泥棒も入り込むことはできません。住民が自警団をつくって守っています。そのため、誰もこの場所に手を出せないのです。もちろん、大きな宣伝をしてみんなに知られると農地をねらう連中が出てくるので、なるべく宣伝はせんのですよ」。私は「なるほど、よく理解できます。これではターリバーンも手を出さんでしょう。逆に感激していると思いますよ」と答えた。事実、その後、ターリバーンばかりでなく、ＩＳＩＬと呼ばれる「イスラム国」を自称する人たちからも、支援するとの声が届いた。

私は「住民が自治を獲得して地域の安定に寄与する。これが以前からあったアフガニスタンの姿ですよ」と中村先生に述べると、「そうです。地方の復活ですよ」と答えた。私は「それでは、ガンベリ砂漠で実施したプロジェクトをガンベリ方式として全国展開させるのはどうですか。同様のプロジェクトが一〇案件実施できれば、アフガニスタンを復興させることができます。それを中村先生の指導のもとに実施するというのはどうですか」と尋ねた。彼は「いいですね。でも、まだガンベリは終わっていません。もう少し時間をください」と答えた。私は「一挙に進めるのではなく、人材育成から始めましょう。人材育成プログラムをガンベリ砂漠で実施することから始めましょう。先生には全国に展開されたプロジェクトを監督してもらう、ということではどうでしょう。これなら問題はないでしょう」と説得した。手始めに、ガンベリ砂漠に小さな研修所を設置して、全国から若い人たちを集め、蛇籠の作り方の講習会をやってみるのはどうですか、と提案した。中村先生は、後進の育成に悩んでいたところなのでちょうどいい、研修所の建設から始めましょうと言ってくれた。

私は「ところで中村先生、このプロジェクトを推進することによって和平をもたらすことができるのはご存知ですね」と言った。中村先生は表情をまったく変えることなく、一瞬、私をじっと見つめると、「駄目ですよ、そんな裏の目的を表に出しては」と言ってニヤッと笑った。私はこのとき、初めて和平のための方策について中村先生と夜遅くまで語り明かした。

中村先生は「和平をもたらすには、草の根の力を結集するのがいちばんです。道のりは遠いように見えますが、ガンベリのように地域住民が一致団結して自活の道が切り開かれれば、自治や治安の確保は問題ありません。実はいちばんの近道ではないかと考えています」と、和平への方策を語った。私は「ガンベリ方式の全国普及によって、生活の安定、戦闘の停止、治安維持が確保された地域が現出する。平穏な地域が点のようなスポットとして全国に拡大していく。ほかの地域の住民も同様に平和なスポットを強く望み、全国に広げる大きな力となる。この平穏な点の拡大は、紛争当事者に和解への道を模索することを強要させる。そういうことですね。まさに草の根からの有無を言わせぬ和解調停ですね」と念を押した。中村先生は笑いながら、「髙橋さん、この話は誰にもしないようにしましょう。二人だけの話ということにしておきましょう。そうせんと、命がねらわれますばい」と言った。「もちろん、そんなことをしたらいくら命があっても足りません。私は人一倍臆病なので、口が裂けてもそんなことは言いません」と言うと、中村先生は「私もそうですばい」と言って、二人で大笑いした。

残念ながらガンベリ・プロジェクトの成功を喜ばない一部の権力者と、欲にまみれた人びとによって、中村先生は暗殺という卑劣な手段によって命を失った。当然ではあるが、彼らは中村先生の隠された和平への戦略など知る由もなかった。中村先生がガンベリ・プロジェクトの先に見据えていたもの、それが和平であったことは間違いない。暗殺者たちは平和への扉を開けようとした中村先生の道を閉ざしたのである。

中村哲医師の和平戦略は前述した三人の戦略とは大きく異なっていた。彼の戦場は乾き切った自然の大地。そこには身を守る武器はない。身に寸鉄を帯びず、ひたすら住民とともに大地と格闘する。「迂遠なようで、いちばんの近道ですよ」と語った中村哲医師。彼の戦略こそ、草の根の人びとにわき上がる勇気と希望を持たせ、その勇気と希望を背景に民とともに歩みながら真の和平を獲得する。ガンベリ砂漠はそのための確実な第一歩であったのでは、と私には思えてならないのである。とはいえ、人びとの希望であった中村先生はすでに凶弾に倒れて、ここにはいない。

あとがき

この「あとがき」は、予想していたこととはいえ、ガニー政権の崩壊のありさまをテレビで見ながら書くことになってしまいました。

アフガニスタンに留学してすでに四〇年以上が過ぎました。書き残すことより行動することに重きを置いてきた私にとって、執筆は難行苦行でした。その苦行を乗り越える原動力となったのは、この書に登場する人たちへの鎮魂でした。「すでに歴史の中に埋もれつつある人びとと、その営為をわずかであっても、伝えることは、残された者の務めではないのか」と、叱咤とともに激励してくれた人がいたからでした。

今のアフガニスタンに昔のアフガニスタンの面影はありません。未だ終わらぬ長い紛争は、人びとの優しき心を打ち砕いてしまったようです。アフガニスタンに住む人びとが持っていた心の豊かさが消滅してしまったようです。留学時代にいくたびもアフガン人の優しさに触れました。あるときはその野放図とも言える寛大さに呆れ返ったこともありました。それがこの厳しい自然環境の中に生きる人びとの知恵であり、生き方でもありました。今のアフガニスタンはヘロインが大量に出回り、すさんだ心が支配する世界に変貌してしまったようです。

亡くなった友人のドクター・ナジィーブは通勤の途中、いつも車の中で熱っぽく語りました。「ここはアフガニスタンではない。ここには物質欲に駆られた強欲な人間の皮をかぶった動物がいるだけだ。彼らはケダモノでアフガン人ではない」と断じました。その言葉を聞いた運転手は遠慮がちに、「犬猫でさえ恩義は忘れませんよ」とつぶやきました。彼は大笑いしながら、「犬、猫さんごめんなさい。ここに住むアフガン人と称する輩《やから》はケダモノ以下です」と言い直しました。車の中が爆笑の渦に包み込まれたのは言うまでもありません。彼はその後で、「昔のアフガニスタンを取り戻す。勇敢で、人びとに優しく、微笑みと人の心を持つ、本来のアフガン人が生きる世界にしてみせる……」と言いました。

アフガニスタンという国で生活して、ここに住む人びとの価値観には大いに戸惑うことがありました。すでに、第五章の「ターリバーン考」で「パシュトゥーン族は、このようにさまざまな点で欧米諸国が有する価値観とは非常に異なる価値観を有している」と述べました。実はこうした価値観を有するのはパシュトゥーン族だけではありません。アフガニスタンに住むすべての人びとの共通の価値観でもあります。アフガニスタンが多民族国家であることから、アフガニスタンはバルカン半島のように多くの民族が入り組んだ複雑な社会に見えるようです。たしかに、民族や人種といったカテゴリーから見るとアーリア系のパシュトゥーン族とモンゴル系と言われるハザーラ族の違いは明白です。

しかし、彼らの社会システムは人類学的に見てほとんど同じと言えます。

日本政府はアフガン政府の行政機構支援のため、公務員人材育成プログラムを実施しました。アフガニスタンの公務員を日本に留学させ、二年間で修士を取得させるというプログラムです。日本での留学を終え、以前の職場である女性省に職場復帰したという女性に出会いました。彼女は帰国後、課長職に抜擢されたと喜んでいました。私は彼女に父親の職業を尋ねました。小さな日用雑貨店を営んでいると答える彼女に、「さぞかし、ご両親はあなたを誇りに思っているでしょうね。とくにあなたのお父さんは」と言いました。彼女は一瞬、顔を曇らせました。「父は私に対し、日本に留学して異教徒になりおって。一家の恥さらしだ、と怒鳴ります」と語った。ハザーラ族はアフガニスタンで最も教育熱心だと自慢し、自負する民族です。現実は彼女が述べたように、パシュトゥーンの部族社会とほとんど変わらない社会規範が支配しています。「なぜ、お父さんは異教徒になったと怒ったの」と尋ねました。彼女は「私たちの考える近代の価値観は、神の教えに反していると考えているからだ」と答えました。部族社会の規範が彼らの宗教と密接につながっていることがわかります。もちろん、すべての人びとがそうであるとは思いません。ただ、アフガニスタンに住む多くの人びとは人権、男女同権といった近代の価値観を受け入れず、頑固に否定します。なぜなら、彼らの部族社会の規範が彼らの行動の規範であり、彼ら自身を証明する証《あか》しでもあるからだと考えられます。近代的な価値観より部族社会の規範が優先する社会に生きているからではないでしょうか。

私はアフガニスタンに生活して、時折、中世の世界にいるのではないかと錯覚を起こす経験をしました。それは日本のサムライの世界にも似た恐ろしいほどの男性社会でありました。マッチョな世界と言ってしまえばそれまでです。男性だけが住む、男気や勇敢さが際立つ世界です。それだけではありません。パシュトゥーン族の女性たちも男たち以上に、たいへん保守的です。ターリバーンが犯罪防止のために配布したビデオには、殺害された息子の仇《かたき》を討たんがため、最後まで殺人犯の死刑を求める母親の姿が描かれていました。彼女は自ら処刑に加わる権利があると主張しました。そして、それは受け入れられたのです。このように仇討ちや復讐が厳然と生きています。

非命に斃《たお》れた友人の息子の消息を尋ねた際、数十年過ぎた今でも、友人の息子は父の仇を討つため、その相手を探すことを諦めず、仇討ちの機会が訪れるのを待っていると聞きました。血讐という近代の価値を真っ向から否定する世界がアフガニスタンであると言えます。

そのため、この国の近代化には多くの困難が伴いました。アフガニスタンを大英帝国とロシア帝国とのグレート・ゲームから守り、現在のアフガニスタンを建設した中興の祖と言われるアブドゥル・ラフマーン国王ですら、その統治がいかに困難であるかを語っています。アブドゥル・ラフマーン国王は近代化の難しさを語り、決して急ぐべきではないと遺言を残しました。しかし、誰も彼の遺言の意味を考えることなく、期待は見事に裏切られ、再び同じことが繰り返されてきたように私には思えます。

米同時多発テロから二〇年が経過しようとする今、アフガニスタンはどれほど豊かな国となったのでしょうか。どれほど、これまでの政権が近代化を成し遂げることができたのでしょうか。すでに、アフガニスタンではガニー政権が崩壊し、アブドゥル・ラフマーン国王の遺言は顧みられることはありませんでした。

二〇〇一年、ドイツのボンにおける和平会合の成功は、アフガニスタンに平和が訪れると誰もが予感し、実感したはずでした。その後の二〇年は多くの人の期待と予想を裏切りました。その結果、現在のアフガニスタンは大きな曲がり角に来ています。アフガニスタンはインド亜大陸、中央アジアと中東の三つの地域の結節点に位置します。それだけにアフガニスタン情勢の不安定化は、こうした地域に大きな影響を与え、同時に干渉を呼び込みます。ただ、はっきりしているのは、どのような逆境にあっても、この地に住む人びとはあらゆる干渉を退けて、自分たちのアフガニスタンを守るのだということです。たとえ、その戦略が破綻しようとも。アフガン人の平和への戦いは、と言うより、近代に真っ向から反するアフガン人の生き方を守るため、その戦いはやむことがないと私には思えるのです。

この執拗なまでの「アフガン人の生き方を守るため」の戦いに従容として殉じていく生き方は、近代的であるかどうかの評価は別にして、日本人が一世紀半前に開国した際に不要にしたものでした。一九四五年の敗戦はさらに忘却に拍車がかかりました。引きこもりが七〇万人を超すと言われる豊穣(?)な社会に棲《す》む現代の日本人に、アフガン人のそれを理解せよとは言えません。しかし、無限連鎖のような現状を、一概に前近代と両断することはできかねるのです。彼らの毅然として生死を賭す戦いに淡々と参加するありさまから、今の日本人が学ぶものは多いはずです。

それだけではありません。日本から眺めるアフガニスタンはシルクロードの夢を馳せるはるかかなたにある国のように見えます。しかし、飛鳥の時代に吐火羅《トカラ》人と称する仏教徒たちが日本にたどり着きました。彼らは現在のアフガニスタンから来た人たちでした。当時、トハーリスターンと呼ばれたこの地はイスラーム帝国の侵略におびえていました。古代日本も韓半島に攻め寄せられた唐によって、百済が滅ぼされ、唐の強大な力の前に立たされていました。

六五七年に日本にたどり着いたこの吐火羅人たちは、斉明天皇に招かれて饗宴を受けました。その二年後にたどり着いた吐火羅人も、飛鳥の都を訪れています。彼ら吐火羅人が斉明天皇に何を語ったのか、日本書紀はそれ以上のことを語りません。斉明天皇は唐の裏側である内陸アジアの情勢にじっと耳を傾けていたのかもしれません。その後、斉明天皇は帰国を望む吐火羅人に、送使という送り人を同行させて帰しました。

同じ年に、百済は唐と新羅の連合軍によって滅ぼされます。翌年、斉明天皇は自ら出征して筑紫に本営を設置しました。斉明天皇は何を見ていたのでしょうか。想像をたくましくするなら、彼女は唐という世界の大国を前にして、吐火羅人の訪問から何かを読み取ろうとしていたのかもしれません。ユーラシア大陸の東の端にある日本にとって、古代から日本の安全保障と内陸アジアの情勢は連携していた、と私には思えるのです。

でき上がってみて、まだこれも書き足りない、あれについても書いておく必要があると悩むばかりです。当然ではありますが、ここに記した事柄については、筆者の見聞したことであり、その一切の責任は私に帰するものであることをお断りしておきたいと思います。また、この本の出版のきっかけを作ってくれた笠井亮平さん、白水社の阿部唯史さんに御礼申し上げたいと思います。

最後になりましたが、アフガニスタンの平穏な生活を取り戻すため、奮闘して旅立たれたアフガニスタンの人びと、方法は違えども、同じ夢を追い続けた中村哲先生のご冥福を心よりお祈り申し上げます。

二〇二一年九月

髙橋博史

著者
髙橋博史
たかはし・ひろし

拓殖大学海外事情研究所客員教授。カーブル大学留学を経て、在パキスタン日本大使館勤務。外務省中近東第二課勤務後、国連アフガニスタン特別ミッション。在ウズベキスタン日本大使館。2000年～01年、国連タジキスタン和平構築事務所。2001年～02年、国連アフガニスタン支援ミッション。2005年～08年、在タジキスタン日本大使館臨時代理大使、アフガニスタン駐箚特命全権大使、外務省参与を経て現職。

破綻《はたん》の戦略《せんりゃく》
私のアフガニスタン現代史

二〇二一年一一月一五日 印刷
二〇二一年一二月一〇日 発行

著者 © 髙橋博史
装幀 谷中英之
組版 閏月社
発行者 及川直志
印刷所 株式会社三陽社
発行所 株式会社白水社

東京都千代田区神田小川町三の二四
電話 営業部〇三（三二九一）七八一一
編集部〇三（三二九一）七八二一
振替 〇〇一九〇-五-三三二二八
郵便番号 一〇一-〇〇五二
www.hakusuisha.co.jp
乱丁・落丁本は、送料小社負担にてお取り替えいたします。

誠製本株式会社

ISBN978-4-560-09876-9
Printed in Japan

シークレット・ウォーズ（上下）

アメリカ、アフガニスタン、パキスタン　三つ巴の諜報戦争

スティーブ・コール　笠井亮平 訳

9.11から米軍主導の掃討作戦が終結した2014年まで、アフガン、パキスタン、アメリカの三つ巴の攻防を詳細に描いた大作。

アフガン諜報戦争（上下）

CIAの見えざる闘い　ソ連侵攻から9・11前夜まで

スティーブ・コール　木村一浩、伊藤力司、坂井定雄 訳

米国、パキスタン、サウジの各情報機関と、イスラム戦士、タリバン、アルカイダとの攻防を、公文書と証言から緻密に再現し、検証したノンフィクションの白眉。ピュリツァー賞受賞！

アフガン侵攻 1979-89

ソ連の軍事介入と撤退

ロドリク・ブレースウェート　河野純治 訳

アフガニスタン侵攻の歴史的背景から全面戦争を経て撤退に至るまで、ソ連側から見た実態を膨大な資料に基づいて描き出す。冷戦期の「神話」を覆すアフガン戦史の決定版。